意外之外

與于美人深度對談

許復 Harry Hsu 著

〔推薦序〕
政治是一種人性的關懷

親民黨黨主席
宋楚瑜

我還記得在二〇一六年，我第四度參選總統時，曾經到高雄大義宮進行參拜。當我突然看到美人站在群眾裡，話鋒一轉，就向現場的群眾說，「自古英雄配美人」，順勢就把美人請了出來，這是我第一次與美人站在同一個競選舞台上，沒想到四年後，她變成了「宋楚瑜翻譯機」，成為我的分身，擔任我第五度參選總統的競選總部發言人！

早在參選之初，美人就曾當面問過我，我們既然勝選機會不大，很多人覺得不會贏，為何要「知其不可為而為之」？其原因，正如同書中所提到的「信念」一詞，我認為人生在世的努力，是為自己的理想奮鬥，不是計較輸贏，因為這不是輸贏的問題，而是為堅持自己理想而奮戰。套句孫中山先生所說的，「吾心信其可行，則移山填海之難，終有成功之日」。

我的信念究竟是什麼？直言之，就是「跨越藍綠」，因為唯有跨越藍綠，才能超越自己，超越世代。我們始終認為，台灣的問題是理念與價值間的相互較量，而不是在搞藍綠對抗。所以當我聽到有些人在質疑美人說，妳原來不是綠的嗎？怎麼跑去當宋楚瑜的發言人？我其實內心想說的是，放下藍綠吧！無須一天到晚糾結在藍綠上頭。

我喜歡作者許復在這本書中，從「跨越」的角度來敘述余湘與美人的生命故事。而回到台灣這片土地上，如果生命的必修課是跨越，就先從跨越藍綠開始，因為我們不能一天到晚用二分法，把它變成仇恨與對立。回想我們這次總統大選中所提出來的十大政見與台灣所面臨的六大挑戰（氣候變遷、人口結構改變、貧富差距擴大、國際經濟秩序調整、產業結構變化及人文價值淪喪），其實都是為了台灣整體的利益而發聲，而非為一黨之私在打拚，選後也證明我們所提出來的諸多政見主張，成為台灣主流價值的方向。而這樣拋開一黨之私的理念也同樣體現在我們提名的不分區名單裡頭，我們把長期關心公共事務的人排在前頭，反而把原本親民黨立委，李鴻鈞、陳怡潔等人向後調整，在此我也藉機感謝他們的諒解與配合。

我也很喜歡這書中提到，「政治就是最大的公益」，我在選舉場合也時常講到，政治其實是一種志業，一種功德，是一種人性的關懷。而這也正是我二〇〇五年到訪湖南省的嶽麓書院，看到其中一副對聯寫道，「是非審之於己，毀譽聽之於人，得失安之於數」所表達的意境不謀而合。因此，我們在政策闡述上，對於小朋友的照顧，對於托兒養老的問題特別關心，其他如公民權下修、開放安樂死等議題，我們也著墨甚深。

在選舉過程中最讓我感佩的事情，是余湘與美人兩位勤跑基層的認真態度。書中也描述了這些經歷，她們常在不同縣市迎接日出，每個地方的太陽都和她們變成好朋友，這種認真的精神，也是我一生信服的理念——「天道酬勤，愛拚才會贏」。雖然他們兩位加入團隊的時間不長，但是從沒有把選舉當作玩票性質，對選舉過程中每一個細節都非常認真對待。例如，我們見面時美人最常提到的是，我只有四套西裝八條領帶，她和余湘每天都要配合我搭配衣服，因為美人說我有一種文官出身的風骨與訓練，該正式的時候從不馬虎，在適當的時間裡穿著得體，所以她和余湘也不能馬虎，這就是認真以對的態度。其實我也要說，有時不是他們配合我，我也會偷偷看著他們的服裝搭配，換換西裝外套，換換領帶。

談到美人擔任競選總部發言人的角色，我總結來說，她是一個「有分際、有內涵、有人性」的發言人。從一開始，我與美人就是秉持相互信任，給予完整的授權，因為我們是一個團隊，她就是我的分身。她不僅能夠理解，而且也實踐她一再強調的「分際」，也就是沒有亂講話，沒有亂穿著。擔任競選總部發言人不是穿著得體就好，她還得理解我和親民黨參選的初衷，大量的閱讀消化親民黨的政策理念，尤其我們參選短短五十八天，每天都需要對許多重大問題在不同場合中發表看法。讓我印象深刻的是，有一回媒體訪問她勝選有沒有把握時，她回答說：「我每一天都沒有把握，但是我把握每一天。」這句話講得真好！除了扮演好發言人角色外，美人也是一位心靈導師，她常常要照顧每個人的感受，不斷的溝通、協調，讓每個人在選舉過程中都保持心情愉快。還有在選戰過程中，總有人想要分化，製造矛盾，她也都很有技巧性的化解爭議，受到各方肯定。然而作者許復透過他的筆鋒，將我和美人在競選中的互動過程，深刻描繪出來，栩栩如生地再度呈現在所有讀者面前，著實令我印象深刻。

最後，我想要再次向我的拍檔——余湘女士致意，誠如我在參選記者會所說的，一位從一個台東偏鄉出身的女孩，一路上力爭上游，即使健康曾受到嚴重挑戰，也從來沒有放棄對生命價值的追求，在選舉過程中從不講負面的事情，她所實踐的人生哲學是，「只要肯努力就會有機會」，我願與她共勉之。

〔推薦序〕

人生異業五十八天之旅

前台達集團中達電通董事總經理、時任「宋楚瑜余湘全國競選總部主任」

游文人

返台居家隔離，正在看著 Netflix 上的《指定倖存者》（*Designated Survivor*）第一季。看著劇中的 Kirkman 總統，總統特別顧問 Emily，白宮發言人Seth和美國特勤局的幹員們。突然有感而發，留了一個訊息給美人姊。

因此，就有了這一篇序的產生。

時間拉回到二〇一九年十一月八號，我正在上海地鐵二號線上前往虹橋機場。接到了一通來自台北的電話，是我和美人姊共同的重要友人V姊。一般在地鐵上面我是不接電話的，但是這一通電話我不得不接。

「你在哪裡？」電話那頭的V姊說。

「我在地鐵上，準備飛廣州。」我回她。

「下一站馬上下車，我有重要的事情要跟你講。」

下了地鐵我立刻回覆了電話。

「取消你飛廣州的行程，你馬上回台北，我們需要你。」V姊說：「宋主席要參選總統了，需要你幫忙。」

宋主席，我認識他，但是他不認識我。

回憶一九九八年十二月二十一日下午，我因公出差正在中興新村。驚見中興新村省政府大道兩側站滿了人，原來是當時的省長宋楚瑜正準備卸任離開省政府。當宋省長的車隊緩緩經過時，兩側的民眾流淚揮別。驚鴻一瞥，我看到了宋省長的臉上依然淡定從容，充滿了自信，只是有些許離別的無奈。這是一位真正的領導人，這是我離宋楚瑜最近的一次。

再回到選舉倒數的那一刻。

「我們將提名你為不分區立委候選人。」在和宋主席會談了三十分鐘之後，宋主席親口告訴我這件事。

「我們的機會不大，為什麼您一定執著要參選？」我當時這樣問他。

「只要有機會為百姓服務，我們都應該去努力。」宋主席這樣告訴我，這句話也成為讓我義無反顧投入的理由。

和宋主席見面之後，接著和余湘董事長（選舉期間我們稱呼她為ＶＰ）及美人姊碰面。

「我們三個人都是政治素人，這一仗怎麼打？」這是我對ＶＰ所提的問題。

「盡我們最大的努力，用開 party 的心情來打這一仗。文人，歡迎加入，就從我們開始。」ＶＰ回覆我。

好一個開 party 的心情啊！

「除了不分區立委候選人，你還將擔任宋楚瑜余湘全國競選總部主任。這個位置全國只有三個人，你是其中之一。」美人姊非常鄭重其事的告訴我這件事情，這頂大帽子就這樣戴上去了。

我們真的在打仗！首要之務，我們必須在有限的經費中找到一個競選總部。在藍綠當道之下，在時間壓迫之下，在各種條件限制之下，我們任務艱鉅。

而從開始的第一天起，我們就挫折不斷。有房東告訴我們，他們不碰政治；也有房東告訴我們，租給宋楚瑜會被打壓。

當時美人姊為我打氣：「你三天之內一定可以找到競選總部的！」在當時，這句話真的是非常鼓勵我的心靈雞湯！不久後，我果真找到了一處全台灣最適合當競選總部的地點，符合各種條件，地理位置奇佳。但是問題來了，房東還是不願意碰政治，不願意出租。

這樣的狀況卻激發了我心中熊熊的戰鬥烈火和死纏爛打的精神，不斷溝通、再溝通。終於房東在看到我們的誠意和努力之下，以極其不可能的價格出租給我們，簽約的這一天，剛好就是美人姊說的第三天。這讓我想起了宋主席常講的四個字：「天道酬勤」。藉此機會我想感謝我們競選總部的房東鄭哥和邱姊，如果沒有你們的大力支持，就不會有我們這一場嘉年華之旅！

因為時間緊迫，我答應宋主席四天後給他一個絕對滿意的競選總部。我們每天只睡兩三個小時。用四天的時間打造了一個三層樓的競選總部，許多人都大呼不可思議。

宋主席每天電話慰問關心，ＶＰ和美人姊每天到現場瞭解進度。我們知道我們的資源不多，但是我們是一個團隊。我們可以在最短的時間之內完成最重要的任務。

競選總部終於在四天後開張了，每天都熱鬧非凡、送往迎來。尤其是一些死忠的志工和支持者的加油打氣，宋主席和ＶＰ及美人姊在競選總部接待每天應接不暇的媒體採訪和朋友拜訪。一群熱心的政治素人志工投入了這一場活動。別人在搞選舉，我們是在辦嘉年華會。

聖誕節快來了，我跟VP及美人姊提議。我們應該放下政治一個晚上，在這樣一個溫馨感恩的夜晚，謝謝所有的媒體朋友及我們的志工們。所以我們有了三組候選人唯一的一場聖誕晚會。

選舉是辛苦的，選舉是耗費時間體力資源的。

尤其是當兩位政治素人余湘董事長和美人姊搭配我們最尊敬的宋楚瑜主席時。這樣的組合沒有一成不變的默契，卻有五彩繽紛的絢爛與激情。

如果您已經認識了商業界的余湘和主持界的于美人，那您真的應該好好看看此刻由許復先生精心訪談、撰稿而記錄的五十八天參與大選的余湘和于美人。

《意外之外》是一本充滿溫度與能量的書，帶我們重回一年前的五十八天，也讓您瞭解這兩位政治素人不為人知、更超越這五十八天的人生故事篇章，還有值得分享的心路歷程。兩位姊，辛苦了！

想送一首歌給兩位，由虎二所演唱的〈一百萬個可能〉！

〔推薦序〕

一本書在疫情後帶出新的經緯度

Twitter大中華區董事總經理
藍偉綸

從國際媒體視角來看，我們在這次Covid19當中讓國際肯定的表現，與我們珍貴的民主腳程，我認為是相輔相成的，在這當中有島上人民的韌性，也有對「明知不可為而為之」的堅持。

余湘和于美人，或許大家過去認識的她們是「媒體教母」及「知名主持人」，但在經過二〇二〇大選的「素人參政」後，不論她們接下來還會帶來什麼新氣象或影響力，我們都多了一個維度可以重新了解她們，也多了一個維度讓世界看到台灣寶島所展現的不同。

這本書，看起來是從余湘、于美人以副總統參選人及發言人身分參與大選的五十八天為延伸，但許復更突破了時空的維度，從兩位女性領袖的童年說起，讓讀者從聽故事中理解她們的性格養成，而深究了她們能在專業上展現成就的原因，並在這當中帶出她們「素人參政」的精神。

我也喜歡這本書帶出的多元議題，不管是參選人及發言人的分際討論、發言人與媒體互動的技巧、選戰中友伴們競合的藝術、隨扈與被保護的人之間的互動等，都彷彿生動的職場教戰守則。而我特別喜歡的是服儀穿搭的章節，作者從多位領袖、專家訪談及文獻整理中帶出的觀點：穿出國際觀的高度。

從國際觀的思維來看，成熟的民主思維應該與時俱進，而其中尊重與包容的一面，也同樣應該與世界俱進。因此，我特別喜歡余湘說的一句話：把目光移開政治。我認為這是一種至善的用心與大智。

作者許復是我多年好友，他從新聞主播出身，轉戰品牌公關專業，老實說，熟悉他的朋友們都不會覺得他是一個對政治話題特別感興趣的人。但是，許復從客觀的媒體、記述，甚至行銷公關視角，常常對公眾人物的個人品牌有獨到的觀察與見解，尤其他過去在英國劍橋大學求學時主修的是政策研究方面的學門，由他來訴說這些人的故事，絕對有令人期待的經緯度。

就從第一章看起吧！從國際友人來台觀選的那個時空開始，我們一起來聽故事。

〔自序〕
相遇擺渡人

撐篙

回憶求學於英國劍橋的歲月，很多人來到這座大學城後，不出數個月，都會被鍛鍊成撐篙好手。

原因是經常會有親友從不同地方過來玩耍，為了替大家省下付給船家及船夫兼導遊的昂貴費用，我們會搬出各學院自己的船帶大家撐篙遊河（Punting），並親自充當船夫，即使「磕磕碰碰」，也勉強堪用。而所謂的「磕磕碰碰」，大概就是竿子打到橋墩、卡進爛泥，或撐篙人自己落河這類的事。

一般的 Punting，都是帶大家穿梭在各學院間，大多是十多分鐘的「觀光行程」，沿途的花園、建築確實都美得不像話，但老實說，一切都為人造，假得很，是劍橋大學、劍橋市政府及旅遊業者手拉手串連賺錢用的。

但如果有朋友來劍橋訪學、會待上好幾天，時間較寬裕的情況下，我們會帶他們往康河上游Punting，遠離大學城，花兩到三個小時的時間撐船到以下午茶聞名的格蘭雀斯特（Grandchster）小鎮散心——這裡沿途所見才是「真正的康河」——沒有美輪美奐的人工河道、花園，以及充滿行銷故事的橋墩與建築——你會穿梭在水流複雜、爛泥處處、不見人煙、蛇虺蚊蚋密佈的密林與曠野間。

在這樣的時空中，掌篙者只要一念之差，或是有一刻精神不濟，就有可能造成災難。輕則卡泥、撞樹、觸礁；更可能隨時卡進河邊樹叢中，與掛在枝頭上的毒蛇近距離說哈囉；而如果在暗流洶湧處翻船，那就是複雜程度更高的災難了，必須執行學長姊們經驗相傳的各種SOP程序。

尤其各種意外若發生在回程，天色一般已暗，挑戰就更多了，因為很多河段是沒有燈的，再加上晝夜本來溫差就大的英國，河邊低溫入夜更顯刺骨，除了安全之外，一船人的情緒掌握、共識凝聚等，也是主揪者或掌篙人的挑戰。

當你一篙、一篙往前划時，一船子的人，誰餓了、誰倦了、誰冷了，誰的衣服被水沾濕了，誰會是你累的時候可以接下船篙的人，誰是可以隨時與你談天說地以防你不小心打瞌睡的人，滴滴點點，都要隨時放在心裡面。

知船客、識水流、觀天候，每一寸空氣的顏色、聲音、氣味，一切都要了然於心。

接力

在康河上撐篙的這番經驗與體悟，很可能就是我在劍橋求學最寶貴的收穫之一。

而這樣的省思，也讓我想到，在遙遠的東方，自古以來就有這樣一說：

「最有福報的工作是『擺渡人』。」

在交通不發達的舊時年代，「擺渡人」的工作，就是在河水湍急的地方，把有渡河需求的人，從河水的這一岸，一篙、一槳地把他們送到另一岸。這個場景的寓意也包括，不論在下一段生命旅程等待渡客的是歡笑、淚水，或是任何未知旅程，是這些「擺渡人」穩穩地掌著船篙，把這些渡客平安送到下一場旅程的起點。

而在佛教的知識中，更有發人深省的描繪。芸芸眾生若漂浮或沉迷於苦海中，就喪失了覺悟的契機，但是，自我覺悟很難，因此，也需要其他力量幫助——就是

「擺渡」，才能夠登上涅槃安樂彼岸，實現生命的圓滿。

因此，就有所謂的「六度」，又叫「六波羅蜜」，指的是六種菩薩修行具有的品德特質——佈施、持戒、忍辱、精進、禪定、般若——而這「六度」，也相當於可以幫助人「擺渡」過一切苦惱的「六艘船隻」。

這樣的概念，也影響了西方。一九四六年諾貝爾文學獎得主、德國赫曼·赫賽（Hermann Hesse）的經典作品《流浪者之歌（悉達求道記）》（*Siddhortha*）就描述了主角悉達多歷盡滄桑後，擔負起「擺渡人」工作，在與河對話的過程中悟出生命之道。

另外，二〇一五年英國作家克萊兒·麥克福爾（Claire Mcfall）一舉奪下五項世界文學獎的代表作《擺渡人》（*Ferryman*），裡面也有「擺渡人」動人心弦的自白：

「我引導靈魂穿過荒原，保護他們免遭惡魔毒手。我告訴他們真相，然後把他們送到他們要去的地方。」

而書寫這本《意外之外》到最後，我發現包括余湘、于美人在內，所有台灣這幅民主畫軸上的勤奮身影，也都讓我們看到了「擺渡人」的影子，甚至「擺渡人」

與「擺渡人」之間，還可以是「接力」地執行任務。

在二〇二〇中華民國台灣的總統選舉中，親民黨即使知道自己「不會贏」，仍大聲高喊「自由、民主是台灣共同的DNA」的口號，用最大的毅力走完這場大選。或許選後很多人很快遺忘了他們，但是，「自由、民主是台灣共同的DNA」的精神，卻更加黏著在這片土地上。

時間來到二〇二〇年六月，大選已經結束半年。蔡英文──來自一個成為全球防疫典範的國家──中華民國台灣的總統，應邀參與「哥本哈根民主高峰會」（Copenhagen Democracy Summit）視訊會議，並且發表演說。

「民主就是我們的DNA！」她用標準的英式英文鏗鏘有力地說：「防疫無須犧牲民主原則！」

記得當時看到蔡總統說到這一句，我的眼眶立刻濕了。

這難道不是每一個台灣人共同的心聲？

擺渡

再回歸到《意外之外》這本書。

我從于美人遇到余湘那一刻說起，透過于美人主述，輔以余湘及其他友人的訪談，往前回溯他們的成長啟蒙故事，往後則帶讀者和他們一起重新經歷二〇二〇總統大選，再進一步延伸到Covid19疫情當下，一探他們經過一番沉澱、又正在經歷一段新沉澱中的心境。

約莫十年前，余湘成了于美人歷經婚變低潮中的「擺渡人」，多年來他們也始終是對方事業上相互支持的「擺渡人」；而在二〇二〇大選中，他們分別以副總統參選人、發言人身分，共同成為推動大選這場「嘉年華」的「擺渡人」，甚至也在不同角色的分工、承擔，與支持中，與總統參選人宋楚瑜，以及鴻海科技集團創辦人郭台銘、聯華電子榮譽副董事長宣明智、前台達集團中達電通董事總經理游文人等友軍或夥伴，共同成為這條「民主之河」上的「擺渡人」。

余湘與隨扈們之間的故事，也是「擺渡人」的故事。是余湘讓他們看到，「政治素人」展現的身段，竟然與原來他們經驗過的如此不同，也是他們以「擺渡人」的精神，不但守護了余湘的安全，更捍衛了台灣民主的高度；而于美人出色的發言人表現，也同樣如「擺渡人」般地成就了這場選舉「嘉年華」的五彩繽紛，並且讓國際友人透過媒體、從世界不同角落看到——

原來，「自由、民主是台灣共同的ＤＮＡ」。

而我也沒有辦法不這樣說——

不論是藍莓乳酪、青檸慕斯、可爾必思奶凍捲，還有橘子醬蛋糕，以及過去、現在或未來出現在台灣這座「民主櫥窗」中的其他點心——不管它們是否炙手可熱，都是這座櫥窗中不可取代的風景——他們不但以不同的光澤、造型、口感「擺渡」彼此，更可以集眾人之力一起「擺渡」這座民主櫥窗、「擺渡」一片土地，更「擺渡」這個時代。

或許每個「擺渡人」在歷史長河星空中如同彗星般一閃而逝，但如同飛蛾撲火般地投入為理想、志業追求的態度，卻能在歲月的積累與堆疊中，呼喚出更多與之相互輝映的光芒，一代傳承一代。

念念不忘，必有迴響。

點點星光，銀河浩瀚。

許復

Contents 目錄

第四章
湘遇相惜互相欠

第五章

發言人開箱 147

第六章 大師等級的服儀穿搭術

第七章 隨扈情緣

第八章

未完、待續

第一章

知其不可為而為之

時間回到二〇二〇年一月中旬的一個午後。

那是一場熱鬧的「嘉年華」落幕之後沒多久，彷彿繁花落盡，一切歸於平靜。我記得那是個冬陽天的午後，相比約莫一週之前，整個台灣的每個角落裡都充滿了似乎隨時都會爆漿的「激情」，悄然回歸沉寂的此刻，每個一呼一吸之間，空氣裡的每個分子都讓人覺得安靜、沉澱了許多。

老實說，這樣的氛圍還是比較舒服的，因為人與人之間的關係，更容易回歸到彼此身上，包括登錄FB、IG這些社交平台，平常那些讓人覺得洗版眼花撩亂、目不暇給的吃喝打卡照片，在喧囂的大選之後再現，似乎都讓人覺得可愛了起來。

帶著我的筆記型電腦和幾本書，來到一位媒體前輩新開張的咖啡廳，我準備在這裡坐一個下午。

「許復，你的《未來總統學：解構魅力領袖品牌策略》有沒有帶在身上？」穿著圍兜、拿著另一杯咖啡坐到我面前的是咖啡廳老闆效華姊，她是我相識多年的媒體圈前輩，也是余湘的多年好友。

「有，剛好有一本。」

這是我在二〇一九年十一月出版的書，看似以政治為題，事實上，我用了非常多的心力從行銷與公關的角度縱剖、橫切，探討的是台灣以及古今中外的君王、國家或經濟體領導人或著名領袖身上的「個人品牌」亮點，希望能夠從「學習」的面向，提供讀者一條鑑古而觀今、甚至探索未來的渠道。

「太好了，余湘等一下會過來，你可以把這一本送給她，然後好好聊一聊！」效華姊一面笑著說，一面把我從包裡拿出來的這本書翻了起來：

「我記得你唯獨沒有寫到湘姊這組（指代表親民黨參與二〇二〇年中華民國總統、副總統大選的宋楚瑜、余湘）對吧？」

我在這本書裡，有很大的篇幅是以當時話題正熱的台灣政治人物為例，類比、對比各國領袖，而在台灣部分，則包括了準備參與大選的人馬，以及在當年時事中曾聲稱要參選、或在時事及輿情中具備一定話題性的其他領袖人物。

「我剛剛在電話裡已經幫你跟湘姊打過招呼了，你可以採訪她，如果有機會再版，記得把她的故事也補進去。」

至於沒有寫到宋楚瑜、余湘這組的原因，是因為他們的聲音出現、宣布角逐的時間太晚，已遠在我截稿之後，確實是遺珠之憾。尤其「政治素人」余湘參選國家領袖的角度，必然是在台灣邁向民主的這條看似跌跌撞撞、卻不斷在前進的道路上，非常值得一探的話題。

那天下午，和余湘的聊天非常輕鬆、愉悅。

事實上，我也不知道為什麼，我們的話題並沒有特別聚焦在如何「補一個章節」上，或許這就是余湘的魅力——

我的兩位好友——永齡文教基金會執行長劉宥彤形容余湘像「北風與太陽」童話中的太陽；副執行長蔡沁瑜形容不論什麼事情到余湘身上都「變得簡單」，一切「迎刃而解」——而我在當天下午和余湘喝了咖啡後，竟然也覺得，補不補那一個章節，似乎也不是一件多麼重要的事，因為，從余湘做了一件「自己想做的事情」的角度看來，那一個章節早就已經「補到了」。

直至在幾天後的另外一場聚會中，我遇到了于美人，這件事情的緣分又發生了新的變化。

于美人是余湘的摯友，在這次大選中，也因為余湘的邀請，從主持人身分成為發言人，出色的表現也成為這次選舉中的一個亮點。我很自然地也跟于美人提了我遇到余湘的事。

「值得分享的故事非常多。」于美人說。

「美人姊的意思是，一個章節不夠？」我問。

「我們補成一本新的書吧，許復。」于美人笑說。

於是，一段新的寫作旅程就此開啟。

這一切都在我的意料之外。原本是一個章節的「補訪」，最後竟然「補成了一本新書」，而且是一本角度、甚至經緯度全然不一樣的書。

政治其實從來都離我們不遠

選舉已過了一個星期，相比在競選期間不論從公開活動、或媒體上讓大家看到的余湘，那天下午與我及幾位朋友一起喝咖啡閒談的余湘，顯得輕鬆許多，臉上也讓人看得見好好休息過幾天的紅潤氣色，只是這位「媒體教母」眉宇間藏不住的仍然是一股叫人忍不住想一探究竟的「信念」——你知道她在若有所思些什麼，你也知道她對於自己的所思、所念十分篤定。那份氣場，分分秒秒都散發著讓人無法招架的感染力、源源不絕。

如果你在她身旁，一定會跟我一樣忍不住想多問一句：「湘姊，您在想些什麼？」

故事必須從更早以前說起，因為現在或未來所發生的一切，都絕非偶然。

這位當代華人中最有影響力的女性企業家之一，不斷在她的生命旅程中探求新的突破。在台東關山、馬蘭長大的她，小時候在校園裡就是一個被貼著「資優班」、「游泳隊」兩個標籤的特立獨行人物——常常在校隊晨訓後累到在課堂中睡著了，老師也「不管」她，她卻跌破眾人眼鏡，從一泓泉水中游成全國比賽冠軍。

長大後的余湘，無論在廣告圈、電視圈；或者她成立媒體庫，被WPP集團併購後又延聘她擔任總裁職位的資歷；甚至在大病中戰勝死神、從鬼門關繞一圈回來後竟然自資買下原本已經虧損的老東家——聯廣公司，再推動聯廣公司上市，使聯廣成為國內第一家上市文創廣告公司等，這些屢創事業高峰的故事，都激勵當代無數人心。而帶著這些故事走向台灣大選的余湘，怎麼可能讓人不好奇她對於孕育、滋養她的土地有什麼想法？

而與余湘相互輝映的另外一道風景，同樣叫人好奇。

于美人，一個來自早年台北永和貧戶的女孩，出身單親家庭，在爺爺、大爺和母親打理的腳踏車店長大，從小用閱讀度過孤單的童年，一路走來，也曾經歷低潮，卻仍終究華麗轉身，以犀利、幽默的知性風格與才情，成為媒體圈人人敬重的一姊主持人。

而她「突然」變身成為總統大選發言人的這一動，也讓很多人驚訝不已，不只是因為這件事情難度極高，甚至這個任務本身並不賦予任何人「試錯」的權利——那麼，她的勇氣、自信來自哪裡？如果說，在這其中還多了一份「堅持」，那麼，在這其中的「擇善固執」究竟是什麼？在我的想像中，至少這一定與她在多年媒體生涯當中對台灣、對世界，以及對這個時代的觀察都有關係。

聊政治，不一定非常有意思。但我認為聊「政治素人」參與公共事務，或言之，就是「素人參政」——即使她們還並未真正「參與」政治，卻仍然在台灣民主「翻頁」的這一刻留下儷影——不但有意思多了，從另一方面來說，這樣的起心動念，也和我們每一個人都有相關的可能，因為，你以為政治離自己很遠，其實並不然。

為什麼「並不然」？這個話題，請容我先就此打住。

如果你願意翻一翻這本書，把任何一個章節故事完整讀過一遍，或許你就會在心裡有所啟發，甚至也可能在你與腳下所踏的這片土地之間的關係中，發現新的樂趣或亮點。

風貌多元的參政畫卷

從「素人參政」出發，我們也可以進一步聊到參政背景的「多元性」。

首先我們放眼國際，立刻可以看到一幅幅風貌多元的畫卷：

如今準備在輝煌的政治生涯優雅謝幕的德國總理梅克爾（Angela Merkel），本身也是位物理及量子化學專家；曾演出《魔鬼終結者》（*Terminator*）系列等經典作品的國際巨星阿諾·史瓦辛格（Arnold Schwarzenegger），二〇〇三年在毫無政治經驗的情況下當選美國加州州長，連任兩期卸任後又重返大銀幕；其他還有冰島總統約翰內森（Gudni Johannesson）是歷史學家出身、烏克蘭總統澤倫斯基（Volodymyr Zelensky）曾是一位喜劇演員等。

如果再從亞洲女性領導人方面來看：

我們可以發現這些具有影響力的女性大多來自顯赫的政治家庭，比如曾獲得諾貝爾和平獎的緬甸精神領袖翁山蘇姬（Aung San Suu Kyi），是「緬甸國父」的女兒；身為印度與亞洲第一位女性總理的甘地夫人（Indira Gandhi）也是總理的女兒，菲律賓首位民選總統艾奎諾夫人（Corazon Aquino）是菲律賓民主之父的妻子，南韓前總統朴槿惠的父親也是前總統等。身上或許都有相似的領袖基因，這些人各有初心，在發展出不同人生軌跡的同時，也各有難題、各有承擔。

而再聚焦到台灣女性參政的「多元性」：

從百年歷史一路走來，有帶著「悲劇色彩」而淬煉出投身公共事務精神的類型，也有「承擔家業」的類型，更有包含各種背景，比如帶著法律、醫療、教育、社福、媒體等專業而踏上公共事務舞台的各種類型。

尤其在二〇一六年，有一個人橫空出世——

她是中華民國台灣的現任總統蔡英文。

蔡英文總統沒有任何政治家族的背景，卻帶著自己的法律及學術專業，紮實邁過一步一步的政治資歷，成為台灣第一位女性總統。值得一提的是，在同年的立法委員選舉中，台灣女性立法委員的比例已經超過百分之三十八，遠遠超出國際平均值百分之二十二，英國媒體BBC中文網當時在下標為「台灣：適宜女性從政的地方」的專題報導中，這樣介紹了這位中華民國首任女總統：

「跟韓國總統朴槿惠、菲律賓前總統科拉松・阿基諾（Maria Corazon “Cory” Cojuangco Aquino）夫人，和泰國前總理英拉・西那瓦（Yingluck Shinawatra）不同，蔡英文從政，並非因為其父兄或丈夫是政界要人。但這在台灣也不奇怪。台灣政界不少女性，包括前副總統呂秀蓮、高雄市長陳菊，還有國民黨主席洪秀杜，都沒有顯赫的政治家庭背景。他們在很大程度上靠的是自己的奮鬥。」

有趣的是，BBC在同一篇報導也說：

「女性在台灣立法院也很引人注目。在舉世聞名的立法院肢體衝突中就有女將衝在前頭。」記者的筆法略帶幽默，但從台灣的民主進程脈絡出發，細思其中，一頁又一頁閃過我們腦海中的畫面，仍然難以不教人動容。

二〇二〇年，台灣大選結果出爐，蔡英文繼續連任總統。而從立委的性別比例來看，女性立委四十七席、佔全體比例百分之四一．五九，雖然沒有過半，但創下了歷史新高。此刻當下，台灣女性國會議員比例已經前進到全世界第十六名，成為亞洲之冠。

我想，BBC的這篇報導中所呈現的一個亮點必然是：台灣非常不同。

而也正因為這樣的不同，讓我們在二〇二〇大選中，看到了余湘及于美人「明知不可為而為之」的賣力身影。他們和蔡英文一樣的地方是都沒有「政治世家」背景；不一樣的地方是——

這兩位女性都是「政治素人」。

此刻，必然可以讓我們有機會從這兩位「政治素人」五十八天的大選旅程中，深深思索我們每一個人與這片土地之間的關係——包括我們從哪裡來，我們的現況如何，以及未來的我們將走向哪裡去。

這一次，余湘受到親民黨主席宋楚瑜邀約，成為二〇二〇大選副總統參選人，而因著余湘，于美人也義無反顧地扛下了發言人的責任。

在很多人眼裡，這是一場「明知不可為而為之」的任務，那麼：

「為什麼還要去打這場『沒有勝算』的仗？」

這就是《意外之外》整個故事所要訴說、探討的事情。

二〇二〇，香港人難忘的「觀選」風景

「今天，我站在這裡，是個偶然，也是我生命中的一場意外，過去的我從來沒想過，我會站在這樣的場合和大家說話。」

在 iPad 螢幕上說話的，是一位讓一車子香港人都巴不得趕快見到其廬山真面目的台灣女性。

「政治，就是管理眾人之事，原來，身為公司的經營者，也就是在管理眾人之事，這也是我一直以來熟悉的領域。我們每一個人，都沒辦法置身事外，我們都籠罩在政治運作的世界中。沒有一個人，可以獨善其身。」這位女性，在當代華人企業家中，已經是一位被封為「教母」級的人物。

「選舉的本意是一場追求民主自由的嘉年華會，選舉的輸贏，不該只是追求任何一個政黨的輸贏，而是人民在每一次的選舉中，到底贏了什麼？」她時而鏗鏘有力，時而溫婉而堅定：

「我是一個政治素人，但我同時也是一個經驗豐富的企業經理人，我也是專業、敏銳的社會觀察者，更是願意為我們的下一代，付出一切的媽媽，所以不要小看我這次站出來的決心和堅定的信念。」

在大選政見發表會上面對鏡頭、對著中外媒體說話的是余湘。

這一次，她不代表任何一個她所統率過的企業，而是代表一方來自「民間」的精神，以「政治素人」之姿，站上二〇二〇台灣大選舞台：

「我們不會是跑得最快的那一組選手，但我們絕對是最認真、最誠懇的參賽者。」沒有政治背景的這位親民黨副總統參選人，幽默地調侃自己是「政治新鮮人」，彷如真摯告白般的表述，在流露針鋒相對氛圍的參選人政見發表會中，不只讓台灣選民眼睛一亮，更讓許多海外人士留下深刻印象。

就在大選結束的那個晚上，坐在這輛小巴士上的香港人及海外人士，不斷回看著余湘在政見發表會致詞的影片，一面在討論著，如果等一下有機會和她交流，可以提問什麼問題？

「聽說余湘本人很隨和，有朋友說她喜歡吃廣東菜？」

「她的身體都好了嗎？我們有點替她擔心呢！」

而除了余湘之外，讓這些香港及海外人士感到「驚艷」的，還有台灣媒體圈的主持人一姊——于美人。

這一次，她因為與余湘的交情，以及認同宋楚瑜提出的政見，也接受了選戰期間的發言人工作。而讓很多人「不意外又意外」的是，和本屆、歷屆其他政治背景的發言人比較起來，從主持人出身的于美人，不但表現絲毫不遜色，還在「分際」的拿捏與個人風格的魅力中展現了讓各界肯定的平衡。

「于美人好像個子不高？但是皮膚超好？」

「主持人變成發言人，她轉換得很恰當呀！」

這台小巴士上面，正在交頭接耳討論的，是一群與我相識多年的香港友人。他們之中，有媒體人、作家、創業家、公共事務工作者，以及NGO人士。這些人必定每四年齊聚共赴台灣一趟——是的，他們總會在中華民國總統大選時來台灣「觀選」，親身體驗並感受台灣的「民主」氛圍。我如果人也在台灣，一定也會陪著他們。

而說到許多來台灣「觀選」的香港人，對於行程安排，都有一定的邏輯。比如在開票當晚，他們必定在每一組團隊的競選總部走一圈，而最後的那一站，一定是勝選團隊。因此，在二〇〇八及二〇一二年，他們最後是聚集在國民黨部，與現場民眾一起恭賀馬英九當選新任總統；而二〇一六年，他們則聚集在民進黨部恭賀蔡英文當選新任總統。

有趣並且值得一提的是，他們不論走到哪一站、在哪一組參選人的場子，都會與現場支持者拿起同樣顏色的黨旗及中華民國國旗揮舞著，一起高呼「加油！」甚至我還看到他們中的許多人，一面高呼著、叫喊著，一面雙眼泛著淚光。

而包括中華民國國旗，還有各種顏色的黨旗，以及相關文宣、海報等，都是他們會仔細包裝、小心翼翼帶回香港珍藏的禮物。其實，他們支持的並不是台上的哪一個組合，而是台灣的民主——這是他們在「觀選」旅程中，最視若珍寶的部分，也是他們心底深處，總是最被緊緊牽動的念想，或希望。

但在二〇二〇年，這群香港朋友卻決定，不走許多香港「觀選團」的「習慣行程」。

照他們往年的邏輯，在今年開票的那晚，最後一站應該是在民進黨部和支持者一起歡慶蔡英文及賴清德勝選。而這次，他們決定做出不同的「創新」。

「今年，我們要從另外一個角度來感受台灣的民主。」幾輛包廂車載著這群決定「創新」的香港朋友，以及他們的心意，來到「戰敗」的親民黨競選總部。

總部內擠了滿滿的支持者，

「楚瑜高山青」、「余湘奶茶」、「霸氣果凍」、「美人霜淇淋」、「明智巧克力」、「宥彤可可飲」、「中華民國派」、「普天同沁瑜餅乾」，還有「整條仁愛路上被記者公認最好吃的爆米花」等茶飲、點心，仍然在架上擺得滿滿的，而「老宋余湘咖啡座」上，有不少人坐著默默掉淚。

「好哀傷。」一旁的香港朋友嘴裡唸著，似乎也略帶哽咽。

真的很哀傷嗎？

在那個當下，氣氛或許是哀傷而低靡的，但這一次陪伴香港「觀選團」朋友前來，我卻感受到了在現場哀傷、低靡背後流淌的一股「理解」——這般的「理解」，並不激情，而十分柔和、深遠。

這般的「理解」，更與這一組看似「選輸」，卻透過「明知不可為而為之」的意志讓香港「觀選」團感受到民主不同層次的團隊直接相關。

至於，這群香港朋友，為何在「觀選」行程上做出不同於以往的「創新」？這個問題可以牽涉到很多層次與面向，但勢必也與兩位他們敬佩的台灣女性領袖人物有關：

余湘、于美人。

余湘：好久不見的Formosa！

在親民黨競選總部裡，香港朋友們看著穿著一身亮橘色套裝，與宋楚瑜一起站在台上的余湘，心裡百感交集。他們對這位台灣女性，是既熟悉，又陌生、好奇的。經過討論之後，他們打消了在離開現場前，一定要去打聲招呼的念頭。

除了他們體貼地想到余湘非常需要休息之外，最主要的是，從過去余湘的致詞、演講，以及當晚所感受到的現場氛圍中，他們已經感受到了余湘的精神。

而在那一晚，感受到這群香港朋友真摯的心念，對我來說，也著實是非常寶貴、難忘的經驗。

他們告訴我，看著台上難以掩藏疲累、卻眼神堅毅，態度仍淡然從容的余湘，他們都想到了她生命故事中最驚心動魄的其中一個篇章——她曾在短短十八天裡，歷經三次重大手術。

「就算她意志力再強，也仍然是冒著個人體力、健康上可能承載的風險，走完這五十八天常人無法想像的旅程啊！」

這樣的余湘，是這群香港人敬佩的，也是他們在此刻不願意打擾的。

約莫十年前，余湘著實從鬼門關前走了一遭回來。

那三場手術，頭一次是因為頸椎出現問題，壓迫到神經，讓她幾乎瀕臨半身不遂的邊緣，而被緊急送往急診、火速被推入手術室；沒想到，回家幾天後，她突然全身痙攣，醫師在她的頭部裡面發現腦動脈瘤破裂，必須接著接受高危險的開顱手術；第三次，她又被全身麻醉，送進手術房更換大腦引流管，不料又因引流管割傷腦部額葉，腦內再度出血，又再一次陷入重度昏迷。

在生死一線間三趟來回，就連醫師都曾在開顱手術中，走出來向余湘的先生吳哥哥說：「沒有把握，只能盡力而為，要有最壞的準備。」醫師的意思是，經過此番折騰，就算性命無虞，也可能成為植物人。

余湘的性命，最後終於是保住了，但是，在她還沒有完全甦醒之前，家人們都有了她可能成為植物人的準備。吳哥哥甚至一面在陽明山買了一塊地，準備一天兩次用輪椅推著她一起看日出、日落；一面跟他們的兒子說：

「媽媽醒來以後，可能不是以前的媽媽，我們要把她當妹妹照顧。」

復健的過程中，余湘經歷了失憶與口齒不清的極辛苦歷程，而她康復後的第一件事，竟然是以個人資金買下自己的老東家：台灣老牌廣告集團——聯廣，再度擴大事業版圖；接著她又成立聯廣文教藝術基金會，出資打造一輛造價千萬元的狗狗愛心健康車，巡迴全台免費為各地的狗狗健診，連帶推廣愛狗教育；此外，從生死線上回來的她，更熱心投入公益事業，成為罕見疾病基金會的捐款大戶。

時間再回到二〇一九年底。

這位走過這些生命旅程的堅毅女性，一肩扛起親民黨副總統參選人的責任，參與了這場「明知不可為而為之」的選戰。

「她的心胸和格局，應該是超越一般人的。但是，了解她的經歷後，我們認為這並不難懂。」在選後那晚的親民黨部，一面看著不遠處被媒體簇擁的余湘，其中一位香港朋友喃喃地這樣說。

雖然在選後那一夜，站在舞台上、看起來非常疲累的余湘，並沒有與在場民眾或媒體有太多交流。但是，如果我們再回顧余湘的參選聲明致詞，還是能夠一點、一點地拼湊出這個從小就是游泳校隊、從台東關山「游」向城市的女性領袖人物心中的所思與所念：

「十六世紀末葡萄牙人驚嘆的一聲『Ilha Formosa』，台灣從此有了『美麗之島』的稱號，驕傲的美麗島，好久不見的Formosa，想想看，我們有多長的一段時間，沒有這樣稱呼我們自己的國家了？」這是她在政見發表中溫柔而有力地留給我們的問題。

「我們不是敵人，而是同胞，我們生活在同樣的一塊土地上，呼吸著相同的空氣。激情，曾經讓我們的關係緊繃，但是，我們絕對不容許任何的事情，撕裂我們；也不容許任何的事情，破壞我們對這塊土地的熱愛。」在致詞末，她深情地帶給大家這樣一個殷殷叮嚀。

而在選舉落幕，國家、社會的每個角落又回到原來的運行軌道軌上，重新回顧余湘當時的政見發表，以及選後之夜眾位香港友人在心念上與余湘的交流，我心裡不禁產生了一個念想：

這群來台灣「觀選」、一個晚上連衝三個競選總部，並且在每個場子都掉著眼淚揮舞著中華民國國旗的香港朋友，以及其他媒體統計不到、每到台灣大選就帶著滿身悸動與嚮往飛來台灣的一團團香港「觀選團」——

他們對「民主」這兩個字的理解，是否有相當值得一探之處？

難忘的橘子醬禮物

余湘的堅毅，不只表現在她的意志裡，甚至蘊藏在她潛意識中，源源不絕。那是她的生命核心、一切的源泉。

「台灣媒體都說她當時的甦醒和復原是奇蹟，可是我不認為是這樣，那不是奇蹟，是『意志』。」選後之夜，在親民黨競選總部，其中一位也生過重病的香港朋友看著台上的余湘這樣說。

其實，那位香港朋友說的完全是事實。

我們再回到十二年前余湘重病時的場景。

余湘回憶，當她慢慢甦醒的時候，依稀可以聽到周邊人說話的聲音，接著意識越來越清晰，她也能理解是誰在說話，甚至說了哪些話。而在一次偶然間，她似乎聽到醫師與丈夫的交談：

「那時候，我依稀聽到醫師在跟吳哥哥說，極有可能成為植物人，就算幸運醒來，我不管走路、說話，甚至思考，都沒辦法做到跟常人一樣。」

或許真的是因為幸運，以及她的意志力也在康復過程中展現作用，余湘的健康狀況一天天好轉，她逐漸張開眼睛，也慢慢開始跟家人有了「溝通」與「交流」，包括媽媽、三哥等這些身邊最親近的人，因為擔心她腦部恢復的情況，會在她眼前用手指比數字，或是問其他讓她心裡覺得好氣又好笑的問題：

「阿妹仔，你知道我是誰嗎？」問她這個問題的人是余媽媽。

「我那時躺在床上，每天都在心裡想，拜託你們大家可不可以不要再問我這些『蠢問題』了？」如今的余湘，雖然用淡定、輕鬆的方式，分享當年生病的辛苦過程，卻難掩她在歷經恢復以及復健過程中源自內心的「意志」——包括勇氣與決心。

「當醫師提到我可能會成為植物人，我就在心裡面告訴自己，這是不可能的事，我不要變成那樣，也不會允許自己變成那樣。」而在整個艱難的復健過程中，即使連說一句完整的話都很不容易，她都展現了如小時候練習游泳那樣的毅力，一關關地克服所有的困難。

余湘的康復，或許跟她的「意志」有很大關係，但我們可以更肯定的是，她一定把她的堅毅面，展現在她一生中所下的每一個決定、走過的每一個腳程上。

時空再回到二〇二〇年大選親民黨競選總部現場。

「少點人去打擾，余湘就能早一點休息。」這些香港朋友對彼此這樣說。有的人還是想衝上前去拍張合照，卻被身邊的夥伴勸了下來，「這裡的氛圍，我們都感受到了，最美的風景都留在腦海，這就夠了，不是嗎？」

香港人感受到的是什麼氛圍？落選的悲傷？

「明明知道會『輸』，她仍然接受參選的邀請，非常用力地走過這五十八天，一定有她的理由。我們對這部分非常有興趣，如果未來有機會，請你替我們轉達問候，並且代我們繼續向她請教。」他們這樣跟我說。

回到飯店後，他們似乎心情特別好，在欣見台灣人選出下一任的總統、副總統之際，最後在親民黨總部的拜會，給了他們超乎想像的禮物，即便他們沒有跟余湘說上話。

此外，香港朋友們在當晚來到親民黨部，並沒有如願見到于美人。

「有點遺憾，沒有見到于美人。」

「于美人的表現太讓人難忘了，她也是『政治素人』，可是她這五十八天的努力，比很多香港政治人物都強，她是怎麼做到的？」

「至少在我們看起來，這個發言人沒有出過大錯，尤其面對媒體的部分，只能說她是高手中的高手。」

沒有與于美人見到面，是他們心裡的一絲遺憾。

我相信于美人是非常樂意與他們交流的，只是行程實在太匆忙，在他們來到競選總部前一刻，于美人才在總部接受記者採訪後離開，接著又馬不停蹄趕去其他的政論節目錄影。

「快看，是于美人的採訪！」此刻，于美人稍早的採訪，剛巧在新聞中播了出來：

「我們當然想贏，但是我們更在乎人民贏得什麼？全球十六億華人，只有台灣二千三百萬人有可以自由投票的權利，我們要好好珍惜。」電視裡的于美人，對著中外媒體這樣說。

于美人早在選前被媒體訪問時，就已經解釋過她願意接受邀請的原因——她非常感念余湘在她經歷人生低谷時，張開雙臂成為她的避風港，於是——

「美人，你能否來當我們的發言人，讓我們一起為好的政見發聲？」當余湘親自提出邀請，她覺得是自己應該「報恩」的時機。

有關這部分的故事，讀者們可以參閱本書的第四章節〈湘遇相惜不相欠〉，讀者在其中可以感受到的是，女性與女性，甚至所有人與人之間的情誼、情分，都可以有很多不同的層次可以去經歷、創造。

除此之外，于美人也告訴媒體，除了回報余湘的恩情之外，另外一個深深打動她的是宋楚瑜所提出的理念，如果想要終結藍綠對決，不是靠第三種顏色，而是要讓五彩繽紛、七彩奪目的優秀小黨進入國會。而在選後，她在社群媒體上更瀟灑留下「事了拂衣去，深藏身與名」一句話，向所有關心她的朋友表達自己的信念。

最後，雖然在選後的那一夜，那群來觀選的香港友人，並沒有面對面和余湘、于美人直接交流到，但是，他們仍然覺得不虛此行。因為，他們做出了過去沒有的

「創新」，來到了「選輸」的那一方——「明知不可為而為之」的宋楚瑜、余湘團隊競選總部，作為觀選之旅的最後一個樂章——我相信，他們在這部分的感受與心得一定是過去從沒有過的。

而其中也包括，在這五十八天的旅程中，這兩位以「政治素人」之姿參與這場選舉「嘉年華」的女性領袖人物，為民主國家台灣留下的英姿颯爽身影，以及他們給我們每一個人帶來的啟發。

湘見不晚，再度提筆

如我在本章節開篇提到的：

二〇一九年十一月，我的舊作《未來總統學：解構魅力領袖品牌策略》出版。這本書看似以政治為題，其實完全避開了政治的視角，而試圖以行銷、公關，甚至大數據分析、品牌打造的方向，討論一個個與台灣二〇二〇總統大選相關的政治領袖的「亮點」。

會寫這本書的原因，也包括希望身在全球化時代的數位公民們，在學習用更高的EQ去學習與自己相處、與國家相處、與時代相處的同時，也能夠學習看待每個

人的長處，並且能夠更有智慧地取人之長、補己之短，

從宣布參選的人馬，到被傳參選的人馬，我通透地討論了一遍，並將這些台灣的政壇領袖們，與古今中外的帝王、君主、總統及領袖人物類比或對比，為的是推廣一種「學習」的態度——不管這些人是否受到所有人的歡迎，我們都能從他們身上找到可效法的典範。

即使撰寫這本書花費了相當大的精力，卻仍然有遺憾之處：

該書聚焦在「學習」的視角，更像是一本工具書，對想理解行銷、公關，想學演講技巧，甚至對大數據、社群操作以及幕僚工作有興趣的朋友，很可能都是一本有幫助的書。但是，因為書本定位的因素，很可能還欠缺了另一種「高度」——對這些人靈魂深處的、有關於他們生命核心的更多探索。

此外，也獨漏了一組參選人，因為橘子醬蛋糕突然宣布準備上市之際，書本已經截稿。

沒想到，在數個月後的今天，這些遺憾都在命運的安排下被「圓」了回來。

而有趣的是，橘子醬蛋糕，其意義，也早已超越了原來的橘子醬蛋糕。

不管是基於這個章節所介紹的——香港「觀選團」的所見、所思而出發，或者

是藉由我的這本舊作而延伸，我們都可以再把視角拉得更高，來一窺這些人在台灣這片土地上是怎麼樣寫下一頁「明知不可為而為之」的新篇章——「金剛人」宋楚瑜，以及這次他在大選期間的夥伴——鴻海集團創辦人郭台銘，甚至包括被郭台銘、宋楚瑜極力延攬加入不分區立委的「科技教父」——聯華電子榮譽副董事長宣明智、前台達集團中達電通董事總經理游文人等人，都有此刻不可抹滅的時代意義。

而余湘、于美人兩位時代女性領袖，以「政治素人」之姿連袂加入大選選戰，很可能更是展開台灣這幅五彩繽紛的民主畫卷時，讓人驚艷而難忘的風景之一。

第二章

童年歲月的源泉

「三、二、一，Camera！」

岸上一聲令下，游泳池裡的年輕女孩，一個轉身，腳往後蹬了一下，立刻往另一個方向游去——她是約四十年前的余湘。

余湘一面游著，一面在心裡想著台上導演的交代，這一次，她游出去向前漂浮的時候，要在心裡默念五秒鐘，手才能接著划水，而手部動作還要盡量做到最大，這些都是為了讓攝影師更方便捕捉她的每一個動作。

池邊上少說也有二十多個人，所有人的目光都緊盯在池水中那位奮力游泳的女孩身上，其中幾位還扛著攝影機，有的專注聚焦在她矯若遊龍的迅捷身影，有的悄聲無息地捕捉她把頭抬出水面換氣時的每個片刻瞬間。

很快地，余湘就從泳池的另外一端游了回來，她靠在池邊，一面喝著岸上工作人員遞給她的水，一面聽著導演接下來給她的新指示。

「辛苦了！我們快結束囉！」導演及工作人員一面鼓勵她，一面跟她解釋，接下來的這一趟，希望她在換氣的時候把頭抬久一點，因為這次要再多補一些換氣時的特寫鏡頭。

「來，準備，三、二、一，Camera！」余湘再一次往後蹬了一下，身體又如箭一般地衝了出去。

發號施令的人，是紐西蘭知名奶粉品牌特別聘請來的廣告導演，資歷在業界十分豐富，而池水中的矯健女孩，幾年前曾拿下全國中學運動會以及省運女子仰式游泳冠軍。

即便如此，他們的拍攝仍然是不斷「NG」，必須一遍遍重來，因為在那個年代，不論是攝影機的品質、拍攝技術的靈活性，以及打光、收音等設備，都遠不如今日的水準，而為了拍出最好的廣告作品，求好心切的導演以及拍攝團隊，不得不要求水中的余湘來來回回不斷地游，一下子從自由式換成蛙式，一下子又從仰式換成蝶式，不停反覆，彷彿充滿電一樣。

「這個女孩是從哪裡找來的？太敬業了！一點抱怨都沒有。」春末夏初的時間，天氣還沒完全熱起來，余湘泡在冰冷的泳池中來回遊了無數趟，從清早拍到太陽快下山，看在工作人員心裡，她的認真既讓人佩服，也叫人心疼。

而實際上，這般在旁人看起來非常艱辛的拍攝過程，對已經拿過全國冠軍的余湘而言，不過是游刃有餘的小事一樁，而這一切，都源自於她自小在家鄉的「噗嚕」一點點滴滴游出來的基礎功。

每早騎一小時自行車到「噗嚕」晨泳

冬天的清晨，五點鐘不到，有的時候氣溫只有攝氏十多度。剛上國中的余湘，已經背著書包，騎著哥哥的自行車，伴隨著鐵鍊的喀喀轉動聲，迎著台東馬蘭帶著水滴的霧氣，徜徉在還沒亮透的鄉間小路上。

漸漸的，晨曦一層一層開始展露笑靨，開始可以看得見路邊蘆葦花的不同顏色，原來遠看是一片雪白，等到漸漸地可以分辨出它們有粉紅色、乳白色，甚至還有的是淡青色的時候，太陽已經悄悄探出了頭，她也從鄉間小路騎到了產業道路上。

「阿湘，早！」有時候身邊會有認出余湘的送報叔叔騎著機車過去，「早安！」不論秋冬春夏，這是她每天早上的固定行程，當同學們都還沒起床的時候，余湘已經開始了一天的「征途」。

她每天都要從馬蘭出發，騎將近一個小時的腳踏車，來到市區的「噗嚕」——這裡是一座在日據時代就建成的「泳池」，因為日本人無法精準發出英文字「Pool」，當地就為這裡流傳下了這樣一個可愛的名字至今。

這裡的水全都是從底部的地下冒出的活水，池中的每一個水分子都冰涼透骨，因此，當地人也叫它「湧泉泳池」，而所謂「泳池」，其實就是容貌非常原始的長方形水塘，水道線「自在心中」。

數十年過去，二〇二〇總統大選拉下帷幕後，余湘和幾位朋友重遊她小時候成長的家鄉，也來到了「噗嚕」旁邊。

雖然這附近變得比以前熱鬧多了，但是不變的湧泉淙淙聲，仍然可以把余湘帶回小時候的記憶：

「你們看到裡面鋪滿的鵝卵石了嗎？天然的地下水可以從孔隙源源不絕地湧出來，這就是『自湧泉』的概念，看仔細一點，許多小氣泡一顆顆往水面上冒，特別是在出太陽的時候，像水裡面掛著一串串珍珠，非常漂亮，腳踩在上面，還能做個足底按摩。」她笑著說：

「不過，『噗嚕』陪伴我的那時候，可沒有現在這些又圓又滑的鵝卵石喔，」余湘帶著大家在「噗嚕」池邊走著，一面介紹：

「當時腳下踩的全是溪底的砂石，有的時候還會被刺出傷口。」她一面說著，指著靠近水面處一閃而逝的魚鱗身影：

「看到了嗎？是吳郭魚！一大群。」幾個朋友順著余湘手指的方向看去，有人跑到更近池邊的地方尖叫起來：「也有鰻魚！真的是鰻魚！小小隻的，好可愛！」跟著好幾個人也跑到池邊拿出手機拍照。

快下山的夕陽，把每個人的影子都拉得長長的，我轉頭看了一下余湘，看見她凝望著天邊彩霞在「噗嚕」中的倒影，泛著淡淡的微笑，彷彿走進回憶。

當年的余湘，一進國中就靠著自學的方式學會游泳，她的天分很快就引起校隊的注意，很快地，教練就提拔她為校隊選手。

校隊可不是一個好混的地方。就算是寒冷的冬天，所有的選手都必須每天清早來「噗嚕」練習，而余湘雖然住得比大多數人都遠，卻總是最早到的幾個人之一。

這一次故地重遊，在一旁陪伴著的，還有一位余湘小時候的玩伴，她解釋：「因為是活水，常常會有很多小魚、小蝦出現，因為『噗嚕』裡面的微生物、礦物質都很豐富，讓牠們在這裡繁殖得非常好，我們小時候就有，現在更多了！」

「有那麼多小魚、小蝦，還有微生物，那這裡一定也有很多青苔？」我好奇地問。

「說對了！溪底、池邊都有，我們常常都要幫忙清除這些青苔。」講到這些兒時回憶，余湘似乎特別開心。

「這些小魚、小蝦都不怕人嗎？」我又提出了問題，這也是在場所有朋友的疑問。

「不怕呀！以前在這裡游泳的都是當地人，還有他們這些校隊選手，大家都很習慣，這些水中的小動物也很習慣他們；現在也有很多觀光客慕名而來，大家也都很自然地知道要和這些水中的鄰居和睦相處。」余湘的兒時玩伴說。

「有的時候，頭換完氣，沉到水裡面的時候，就看到這些小朋友出現在你身旁，很奇妙的。」余湘笑著補充。

「別聽她說得好像這裡美得跟天堂一樣，其實，這裡意外也很多喔！尤其我們小時候，安全設施跟現在是沒辦法比的，」余湘的這位玩伴突然嚴肅起來：

「光是那些生長速度超快的青苔，就常常讓很多人滑倒；還有，你在水面上看不到的地方，有很多大大小小的孔，你以為只有小魚、小蝦？我跟你們講，有時候還會有水蛇，所以來這裡游泳，隨時都要很小心……另外，我記得那時候有個水閘，每天都要洩洪，不然水會漫出來，一個不小心還會把人沖到外面去，」她說得非常生動：

「猜猜看，衝到外面會看到什麼？」這位女士笑著問大家。

「外面……公共廁所？」這是我第一個想到的答案。

「台東殯儀館。」女士故意放低音量說完，指著余湘說：「他們校隊的，常常天沒亮就開始游泳，我真的覺得他們膽子很大。」

「沒有你說的那麼可怕啦！」余湘笑說，「水蛇、排水溝、殯儀館，這些都是這裡的一部分啊，習慣就好，其實我們不會過度去想這些事情啦！當時就是只想把泳游好。」

當年的台東，以石為球、以棍為棒的紅葉少棒隊，土法煉鋼，為台灣打出全世界的驕傲；而當年的「噗嚕」，沒有現代泳池的磁磚、水道線，卻在這樣的天然湧泉以及魚兒相伴中，讓許許多多當地孩子游出自信開朗的個性、游出與大自然相處的新心胸，更遊出了一個全國中學運動會以及省運女子仰式游泳冠軍、打破省運紀錄的選手——

在企業界與政壇都寫下一頁精彩故事的余湘。

不斷來回游的內心OS

校隊的教練，特別重視訓練前的暖身運動，因此，選手們在正式訓練之前做的各種暖身運動是一樣都少不得的。

「暖身運動不是只有蛙人操而已，還有舉啞鈴、吊單槓、爬竿，尤其是爬竿，腳上常常會磨破皮。」余湘回憶，因為「自湧泉」在清晨特別冰涼，如果暖身操不做足，游泳的時候就很容易抽筋，因此，再怎麼累，她都知道做多一定比做少好。

「他們那時候爬的竿子，跟現在爬的金屬竿不一樣……我記得是竹子做的，竹子都有竹節，會有那些突出來的部分，所以余湘早上到學校去之後，我們常常看到她腿上紅紅的，有時候還有傷口。」余湘的這位兒時玩伴一面回憶、一面說著。

做完這些岸上的暖身運動之後，余湘和她的游泳隊夥伴們立刻就會下水，這時候，還沒開始正式訓練，因為教練要求他們，每一個人都要先用自由式游完一千五百公尺，才算把全套的暖身運動做完。

之後，大家才在教練一聲令下開始正式的訓練——包括五十公尺、一百公尺、二百公尺等不同距離的限時衝刺，要重複不斷來回，並且變換自由式、仰式、蝶式，還有蛙式。

當時，有很多同學很羨慕游泳隊的他們，可以不用參加早自習，以及升、降旗典禮，其中幾位還想盡辦法爭取進入校隊參與練習，但是過不了幾天就打了退堂鼓，因為這樣的訓練，其辛苦，沒有經歷過的人是非常難理解的。

余湘班上的其中一位男同學——前台東縣縣長黃健庭，就認為她當時是個「異數」。他們那班是資優班，而一般資優班的學生都是以升學為唯一的目標，而同班同學想到當年的余湘，似乎第一個回想起的關鍵詞卻是「游泳」：

「我對她的印象就是，這個游泳校隊的女生，常常在第一堂課一開始的時候趴在桌上睡覺。」黃健庭一面笑著說。

說到這裡，余湘有一點不好意思地笑了起來：「你們不要忘記了喔！我每一天的運動，是從馬蘭家門口騎上腳踏車就已經開始了喔！」

「是啦，可以理解，你在第一堂課睡一下就會醒來，然後自己把課本打開，老師知道你是校隊的，也好像沒有特別唸過你什麼。」黃健庭笑著回應。

其實，不只班上同學覺得她是「異數」，就連游泳隊的夥伴也認為她是個「奇葩」。大部分校隊成員心裡的疑問都很一致：

「資優班的同學過來參加游泳隊，能游得好嗎？」而超乎所有人意料的事情是，一年後的全國冠軍獎牌，就是這個從資優班過來的女生抱走的！

余湘說，除了這裡的自然景觀、訓練的過程，更還有一些當時在訓練中的「自我對話」——她在游泳的時候自己對自己講的話，至今都還在心裡迴響：

「既然參加了，就一定要做到最好！有一個比賽的目標在前方，如果有機會拿第一，為什麼要拿第二？」

而在那些點點滴滴的訓練過程中，她還能夠感受到自己的體能、泳技，還有心態上的變化，每一天都有一點不一樣，「我知道這些艱辛的鍛鍊都是必經的過程，每一分、每一寸都逃不了，不可能用任何方式繞過去，」這樣的感受，也讓她明白了「一步一腳印」的道理：

「其實，在那個年代，還有那個年齡的心境，我的想法非常純粹——想達到目標，就必須經過這些辛苦的訓練，不會有捷徑。」

一面聽著余湘以及她的兒時玩伴討論著他們小時候的事，我一面看著被東台灣夕陽映照得一閃一閃的「噗嚕」，想像著當年在冬天一大早冰冷的池水裡游泳的身影，一面看著身邊穿著俐落的運動裝，被封為「媒體教母」、並且剛打完台灣總統大選選戰的余湘，忽然發現，所有的事情都能夠串在一起。

原來，一切都有跡可循。

「你們要不要去摸一摸『噗嚕』的水？很冰涼喔！」余湘笑說。

「戰」或「逃」？

有另外一位從小也對自己非常嚴格要求的女孩。

如今已經成為當代華人主持人中的一姊，拿起筆來下筆千言，鏡頭一開出口成章，從一個個叫好又叫座的廣播、電視節目製作及主持工作，到總統大選中的發言人角色，于美人所表現出的自信，以及在一個個挑戰中自我進化的能力，都讓人欽佩不已。

「其實，我會是你們現在認識的樣子，跟小時候貧苦的家境，還有我長大的環境都有很大的關係。」

于美人的父親，在她一歲時就過世了，媽媽二十三歲時就開始守寡，一肩扛下爺爺開的腳踏車店，以及照顧家裡三個小孩的責任。

「那時候因為太窮了，常常被房東趕，在我的記憶中，我們常常都在搬家，我媽媽有句名言：『媽在哪，家在哪。』」而在這樣的一個環境下，于美人在年紀很小的時候就感受過人情冷暖，也鍛鍊出適應新環境的能力：

「因為沒有任何背景，沒有人可以依賴，所以，從小就知道萬事都得靠自己！」于美人坦言，那個相對重男輕女的時代，家裡長輩的重心都在哥哥身上，「而我跟我妹妹，小時候彼此的話題也不多，因此，我通常就是在一種一個人被『放任』在巷子裡玩的狀態裡。」

于美人回憶，約莫七歲的時候，曾經有一個與她年齡相仿、叫做「小米」的小玩伴，也許因為年幼無知，再加上家中嬌寵養成的霸道個性，讓她不遵守大家的遊戲規則，甚至對其他人言語霸凌，而于美人一時難忍，就推了她一把。

當下，對方就說要把哥哥、姊姊們都找來，要她在路邊等著。

「你趕快回家！」趁著小米回家搬救兵的時候，別的小朋友都勸于美人趕快逃，因為小米家裡至少有兩個哥哥、兩個姊姊。

「說實話，當時還是會害怕，我還在心裡想：『她的哥哥姊姊會不會剛好沒空？』但我還是選擇站在那裡沒有動，也許就是因為覺得自己沒錯，不願意邁開那個步子。」

而當她意識到自己很可能會被狠揍一頓的時候，大隊人馬已經從巷子拐角出現了。

「她是我妹妹！我要你立刻跟她說對不起！」一群人浩浩蕩蕩走了過來，把于美人圍住，其他小朋友立刻鳥獸散，對方的大姊首先指著于美人的鼻子大聲喝斥。

這位鄰居姊姊的刺耳叫罵聲，讓于美人的腦袋一下子陷入空白，接著，小米的其中一個哥哥，已經一巴掌搧在她的臉上。

「我記得我那時候全身是顫慄的，滿臉漲紅，覺得無助，像罰站一樣地聽著這一家子兄弟姊妹對我教訓。」但說也奇怪，他們出完了氣，一群人掉頭而去，于美人頓時清醒，心裡面的感覺竟然是：

「就這樣？結束了？」

接著，她一個人慢慢走回家，心裡有兩個感受。第一個就是有這麼一大群團結的兄弟姊妹真好，另一個就是：

「一切都要靠自己。」

于美人說到這裡的時候，我想到了心理學中有所謂的「戰鬥或逃跑反應」（Fight-or-flight Response），這是美國生理學家坎農（Walter Cannon）在一九二九年所提出的，指的是人在危機發生時，一系列的神經和腺體反應會讓人做出防禦、掙扎或者逃跑的準備——而相對於男性更不怕直接「應戰」，女性更傾向於出現

「逃跑」的反應、尋求他人幫助，或尋找其他辦法化解當前的危險。

「自己闖的禍，自己擔！」

當時就有這樣覺知的于美人，很顯然不是屬於會選擇「逃跑」的女性，「這樣的個性，也養成了我長大後面對人生難題的態度，比如看不懂的書，我一定要看到懂為止，而迎面而來的挑戰，如果評估之後覺得自己能勝任，即使覺得有難度，我還是會選擇接下來。」

其實人生不就是一連串的「戰」或「逃」？

我們每一個人都一直在面對這樣的抉擇，但是，有些事情是逃得了的，有些事情是想逃也逃不掉的，可能是難題，也可能是挑戰，那麼，既然逃不了，或許我們可以思考的方向是——選擇用什麼樣的心態及策略去「戰」？

正好比「政治素人」于美人，當余湘邀請她擔任大選發言人，她可以選擇不接受這個挑戰，這麼一來，她就可以免去因為可能做不好而被責怪的風險，也不用在大選期間去經歷一般人難以體會的勞心、勞力；但是，她失去的，卻是讓自己「進化」的歷練機會，而在這個機會當中，她也有可能可以證明自己——

即便是「政治素人」，她的表現甚至不會比其他政治背景出身的發言人遜色，因為她還有別人沒有的教書、媒體經歷，點點滴滴的累積形成了現在的她。

用閱讀度過孤獨漫長的童年

母親對于美人的「放任」，也是成就她生命的一大養分。而這裡所指的「放任」，更多的是在「閱讀」上的「放任」。

于美人印象中的母親，是一位對讀書人非常尊重的傳統女性。雖然因為自小的家境，讓于媽媽本身沒有念完小學，但是，為了自己對知識的渴求，以及給兒女立榜樣，她總是在做同一件事——抄字典。

「從我有記憶開始，媽媽就是一個對『閱讀』這件事十分崇敬的人，只要我在看書的時候，她就不會讓我做任何家事，所以我有時候想偷懶，不做家事，就坐到小凳子上，把書捧起來，」于美人笑著說：

「而她自己，就是不斷在抄字典。」于美人回憶，小時候住的地方十分狹小，一家子六口人，包括媽媽、三個小孩，還有二位長輩，一起擠在只有十一坪大小的房子裡，這個空間不僅涵蓋住家，還包括了他們經營的腳踏車店，而廁所、浴室還要跟房東共用，連能夠擺下一張書桌的多餘空間，都是不敢想像的奢侈。

「我看書，就是坐在一張小板凳上，而我的書桌，就是擺在眼前的另一張稍微高一點的板凳，這兩張板凳就是我看書、寫功課的『標配』。」在訪談到有關「童年」這個主題時，于美人還認真地拿出了兩張椅子，坐在其中一把上，對著眼前的另一把，還原記憶中的兒時場景。

「那媽媽抄字典的『標配』呢？」我問她。

「我們用的是共享『標配』喔！我看書、寫功課的時候，她就忙店裡的事，等到我上床睡覺了，她就接手那兩把凳子，開始抄字典。」于美人說，母親用自身抄字典的方式，展現自己對知識的渴求，後來家裡的經濟稍微好一點了，訂了報紙，母親也開始抄副刊上的內容，尤其是作家薇薇夫人的文章。

而到了小學五年級之後，媽媽偶爾給她零用錢，但是這些錢只可以用來買書，不能做其他事。她記得自己最常跑的就是重慶南路的東方書局（現在的西堤牛排），最後她蒐集到全套的亞森．羅蘋（Arsene Lupin）、福爾摩斯（Sherlock Holmes），還有金庸小說。

「母親對文字一直有種莫名的尊敬，她對有閱讀能力、有能力讀書的人也非常看重，或許，她也期待她的孩子能夠成為那樣的人。」于美人說，雖然哥哥還是家中長輩疼愛的焦點，但是，媽媽心裡其實非常清楚，這一個女兒「愛讀書」，而且「會讀書」：

「從我小時候開始，她就『放任』我閱讀；我還記得，從北士商專科畢業後，大部分同學都直接就業，但我想補習考大學，其實那時候母親非常兩難，因為家裡真的很貧困，負擔不了補習費。但是有一次，我的老師特別向她誇讚我：『你女兒一直是盡責的國文小老師，她是非常愛讀書的人！』媽媽當下就做了決定——要想盡辦法幫我籌措補習費。」于美人回憶，自己能夠培養出閱讀大量資訊的習慣，跟母親在閱讀上對她的「放任」有關：

「印象中，媽媽用一本字典抄寫完我整個童年，我也相當感謝她對我在閱讀課外書上的啟迪，甚至『放任』，我始終覺得，是她這樣的慷慨滋養了我的一生，使閱讀成為我精神上的終身伴侶。」于美人回憶，雖然自己的童年其實是寂寞的，但是，閱讀卻帶給她成長的力量：

「我覺得自己能夠在孤單的成長過程中找到快樂，是因為有一個世界可以躲進去——就是閱讀的世界，我可以馳騁在那個世界裡，感受自己與文字、書本，還有那些故事之間的關係。」

而在這個閱讀世界裡，于美人最忘不了的，還包括有關「一個人」與「一本書」的記憶。

于美人回憶自己念小學的時候，放學走到家門前，常常會看到一位阿伯手上拎著、肩上扛著廢棄腳踏車上拆下來的零件，從爺爺開的腳踏車店出來。

有的時候，她也會一起幫著阿伯把這些回收廢鐵或廢棄零件拿到他的推車前。而只要阿伯一來，她就有可能從阿伯車上撈到「新書」。

她深深記得，那天阿伯從那一疊舊書裡抽出了一本《暴君焚城錄》（*Quo Vadis*）（又名：你往何處去），交到她手上。

「我跟這些書的『相遇』，都是充滿驚喜的『隨遇』，」長大後的于美人回憶起往事：

「首先，阿伯每一次來的時候，不一定都能遇到我，因為我可能放學還沒回到家；再來，就算我遇到阿伯了，他的推車上不一定有別人淘汰的舊書，就算有，書名也不是我能決定的，你今天就算去二手書店逛，你也能挑選你要的書吧？可是那時候，哪本書會到我手上，根本沒得挑。」于美人笑說：

「所以我拿到任何一本書，都可以看很久，你可以想像，以當時小學四年級的閱讀能力，我把那一本《暴君焚城錄》翻了三個多月才看完。」

《暴君焚城錄》是一本非常沉重的歷史小說，整本讀起來像是一首磅礴的史詩，作者回顧的是古羅馬帝國暴君尼祿（Nero）放火焚燒羅馬城池的故事，他用生動的描述，帶領讀者走到羅馬東城的荒廢鬥獸場，從高台上俯瞰這裡二千年的瑰麗浪漫與歲月洪荒，有愛情、有理念，也有信仰，整個故事的字裡行間，在燦爛美麗的夕陽餘暉，以及關著猛獸的牢籠，還有幽暗密室、監獄的對比中，還穿插著一頁頁基督徒為信仰殉道的動人血淚史。

這本書原來的譯名是《你往何處去》，作者是波蘭作家顯克維支（Henry Sienkiewicz），是當代非常知名的新聞人，曾經擔任權威媒體《斯盧戶報》（*Slowo*）主編。而《你往何處去》在一八九五年出版後，還被翻譯成三十多種語言文字，更在一九〇五年獲得諾貝爾文學獎，後來被拍成電影《暴君焚城錄》，之後的許多小說版本，也直接被更名為《暴君焚城錄》。

走筆至此，我們也可以從于美人與閱讀的故事中，想一想我們自己的情況——當一個人找到自己喜愛的事物——可能是專長，可能是興趣，可能是任何一件讓他感受價值或展現價值的事，就絕對有能力可以超越、跳脫出歲月的漫長。

小時候的身影始終還在

余湘是家裡的老么，上頭有三個哥哥，在這樣的環境中長大，她很自然成為倍受疼愛的小女兒、小妹。

父親對余湘的三個哥哥都非常嚴格，不管在課業、體育成績的要求等，每一樣都要兼顧；而對這個從小就非常有主見的小女兒，更多的則是「寵愛的放任」，不給她過多束縛，原因也包括余湘從小就對自己喜歡的東西、想做的事情都非常有想法。

相對於于美人童年經歷的「放任」，是從孤獨的閱讀中找到最自在的自己、甚至是一生的依歸；余湘在自己從小「放任」的成長過程中，展現更多的則是超越一般同齡孩子的「自律」。

「哥哥們要是考試成績不好，一定被爸爸處罰，我看在眼裡，心裡也覺得，可以用那樣的標準鞭策自己。後來從國小升國中，我一樣也考進資優班，其實就是自己不斷給自己動力。」

而學游泳的這件事，余湘也展現了這樣的態度與心境。

當時她跟著已經在游泳校隊內的三哥去「噗嚕」，看到大家在水中如蛟龍一樣地來來往往，心裡就幻想：「我也要像他們一樣。」於是她當下就下水，模仿大家的動作，往水深的地方移動，等到腳蹬不到池底或覺得氣不夠了，再往回游，就這麼一趟又一趟來回，終於有一天，她可以完全不用踩著池底游到對岸的另一邊。

接下來，游泳隊教練很快就把余湘拉進校隊。當時，這件事還受到大哥的反對：

「都考進資優班了，為什麼不好好念書？」余湘的大哥並不贊同她加入校隊，因為這似乎不是「資優班學生會做的事」，大哥認為余湘應該把心思完全放在讀書、升學上。

「可是我就是想游泳呀！」現在的余湘，回憶起當時的情景，仍然不忘當時自己「就是要想游泳」、而且「一定要游到最好」的心念。

在余湘的印象中，也許是比賽接近了，嚴格的教練常常會把大家留下來「加練」——在原本的正規訓練結束之後，臨時要求所有人留下來繼續練習。有一次，所有人都覺得已經累爆了，即使平常大家都很畏懼教練的權威，但是卻沒有人覺得自己還有體力再下水。於是，所有游泳隊成員就和教練「僵」在那邊，教練已經氣壞了，而大家都不說話，似乎是在表示「無言的抗議」。

當時，余湘就做了一個決定——她轉過身子，第一個跳下水。或許是沒有其他選擇，其他人也只好跟著下了水。

「我覺得他們當時應該很氣我，」余湘笑著回想，「可是我的想法很單純，就是覺得教練要我們那樣做，一定有他的理由，而且雖然已經練得很累了，但也不至於到完全動不了的那種程度，那就下水吧！」

而那位把余湘網羅進校隊的教練果然獨具慧眼，接下來就是這個超級勤奮的女孩打破當時的省運紀錄，拿到全國游泳冠軍。

其實，超級勤奮的背後，還是那一份「自律」在驅使一切。

「小時候想得都很簡單，只要立下一個看得見的目標，就腳踏實地往前走，即使在過程中很辛苦，也不會敢偷懶或馬虎。長大以後，不管是事業上的每一次進展或跨越，甚至包括這次參選的心境，都會讓我回想到當時池邊的那個小女生。」

不管是「廣告教母」，還是副總統參選人，在余湘心裡，如果沒有那個在寒冷的冬天早晨，帶著在爬竹竿暖身時擦破皮的傷口，在「噗嚕」不斷來回游的身影，就不會有現在的她。

再回到拍廣告那一天。

導演，以及所有工作人員都心疼余湘的敬業與辛苦，而實際上，她自己卻不這麼認為：

「我一點都不覺得辛苦呀！因為我從小時候開始，就是那樣一路游到大，那種不斷向著前方游的意志，早就烙印在我的心裡面了！」

那麼，站在副總統參選人身邊的那位發言人——于美人呢？

于美人的事業有成也被很多人羨慕，但是，沒有任何一個成功是源於偶然的。而她的童年，還有一段對她非常重要的記憶。

于美人的母親，在她的整個童年，除了以抄字典的堅持向她展現了對知識渴求的一面，以及不受限制地「放任」她馳騁在閱讀的世界，更在「字跡工整」的嚴格要求中，帶給她一堂終身受用的「創新」教育。

「剛剛提到，家裡沒錢買書桌，我坐在小凳子上，另一張比較高的凳子就是我的書桌，不只是看書，寫字也是這樣寫，」而所謂「創新」，常常都是被「逼」出來的：

「小凳子的表面因為面積太小，常常寫一寫，手就會懸空，因此我很難把每個字都寫得很端正，手懸空得越多，字就會寫得歪歪扭扭，也因為這樣，我常常挨媽媽打，而且是用刷輪胎鋼圈的鐵刷打，柄子是木頭，上面是鐵絲，我常常被打到哭。」有一天，總是心疼她被打的舅舅點了她一下：

「為什麼不『轉』一下？」舅舅丟了一個問題。

「『轉』一下？」于美人叫了出來：「啊！我懂了！」

從此，她便學會一件事：手懸空的時候，只要挪動一下簿子在小板凳桌面上的位置，再加上自己的身子也跟著稍微側一點，就能夠保持讓自己的手腕靠在小板凳上了。這麼一來，寫出來的字就會端正。而有了這個醒悟之後，于美人也就沒有再吃過媽媽的鐵刷子。

從出色的補教名師，一路成為當代華人最有名的節目主持人之一，再到成為總統、副總統參選團隊的發言人，于美人認為，自己常被肯定的思維邏輯以及靈活口才，都跟小時候的那一「轉」有關：

「其實『創新』是可以被『逼』出來的，因此，在工作中，遇到溝通困難的時候，我會嘗試用不同方式去協調，解決的辦法並不是不存在，只是你還沒和它『搭上線』，換句話說，有的時候你只要多動一些腦筋——也就是多『轉』一下，就能夠達到原本達不到的目標了！」山不轉，路轉；路不轉，人轉；人不轉，那就轉簿子呀！

「這個來自小時候的經驗，讓我領悟到，面對任何困難，都可以用『不僵硬』的態度去找解決辦法。」

于美人說到這裡，我想到的是還有她在選戰當中每早「餵鯊魚」的場景——每天接受記者提問的時刻，遇到刁難，或是需要運用特別技巧回應的問題，她也都「轉」出了讓人驚艷的效果、甚至智慧與高度。這些部分，讀者們可以參考本書的第五章〈發言人開箱〉，了解更多有關大選發言人角色的觀察、記錄與故事。

最後，在本章尾聲，我想分享的心得是：有關成就、成績，或是目標達成的故事，在外人看來，都是讓人欽羨的美好，甚至浪漫的一面。可是在其他人沒有看到的地方，他們的今日卻是來自一步一腳印的累積與堆疊——

同樣來自「放任」中的自我探尋——

余湘自始而終從沒有變過的自律、堅持、毅力。

以及于美人從刻苦中體會出的靈活變通法則。

第三章

從勸退到被勸進

「那一天，我們從宋楚瑜的辦公室出來，余湘看了我一眼，」于美人回憶起那一天——也就是選前倒數五十八天的場景：「她說了一聲：『怎樣？』」

「什麼怎樣？現在的情況是，我接發言人，你就接副總統參選人喔？」于美人當時這樣笑著回應她。

從這樣的對話，不難看得出他們兩人之間的默契，以及相挺的交情。然而，在此刻更值得討論的是，在接受宋楚瑜邀約的那一刻，余湘和于美人基於理念上的初衷及其一致性。

余湘說，她第一次閱讀到一個政治人物（指宋楚瑜）的心境是「超越輸贏」的：

「這讓我進入了另外一種層次的理解——政治可以是極善的語言、極善的思想與態度，從這樣的角度，我真切感受到，政治就是眾人之事，雖然我是個『政治素人』，但是我過往的工作跟生活，根本就沒有離開政治過，因此，這次也只是換一個身分來參與這件事——尤其看到宋主席的十大政見，條條都『有血有肉』，我相信，如果能夠落實推動它們，就能讓大家過上更好的生活。」

而于美人的加入，一方面是感謝余湘在她歷經人生低谷之際全力支持她的恩情，一方面更是支持宋楚瑜提出的理念：

「終結藍綠不是靠第三種顏色，而是要讓五彩繽紛、七彩奪目的優秀小黨進入國會，」于美人說：

「我就用范仲淹〈岳陽樓記〉的一段名句，來表達我心中的悸動吧：『居廟堂之高，則憂其民；處江湖之遠，則憂其君。』因此，來自民間的我們，要從『政治素人』的身分來參與這件事！」

BELIEF

「你們從宋楚瑜辦公室出來，對於接不接受這個『特大號的邀請』，一定有各種想法在心中來來去去翻騰吧？」我在訪談中問于美人。

「來來回回，當然有，不過，」于美人說：「就一天。」

一天？以于美人的風格，向來不會把話說得太絕對，或者說，你可能要從她的話中找尋更多有趣的脈絡及線索。

我認為甚至余湘和于美人一起從宋楚瑜辦公室出來、揮手向他道別後，兩人在彼此第一個對望的眼神交流間，就已經建立了這件事上的所有默契。如果要用一個場景來比喻，那就是他們在那一刻，就已經一起打開手上的手電筒，照向前方五十八天的旅程道路——那甚至更是一條沒有盡頭的——從「民間的角度」出發而開啟更多對話，並且希望台灣越來越好的道路。

「倒數兩個月、分秒必爭的選前時刻，哪有那麼多的時間再三躊躇考慮？如果你問這件事情有沒有跟任何人商量？有，就是回到家之後，跟鏡子裡的自己商量。」

至於于美人「一天」的說法，我想可能他們在這裡關心更多的還是身邊人的感受。換句話說，本來就對於「做抉擇」這件事並不困難的兩位領袖型女性，即便做了這個決定，也必須讓他們的家人理解，為什麼要做這個決定，其初衷在哪裡、高度在哪裡、長遠的價值又在哪裡。

在接下發言人任務之後的兩個月，于美人所經歷的，包括和從英國放耶誕假期回台二十天的女兒只一起吃過「一餐飯」：

「我記得當時我跟 Mina 說，等到選完，我會好好陪她，但沒想到，選完的那天，就是她回英國的那天。」

女兒回英國的那天，一個人默默拖著一大箱行李，搭機場捷運到桃園中正機場登機，而于美人跑了一整天的行程，包括接二連三的錄影，半夜回到家，攤在沙發上，才看到女兒在十幾個小時前登機那一刻發的訊息，要媽媽好好照顧自己。

而事後 Mina 回憶，當時自己人還在倫敦，接到于美人電話，知道媽媽要擔任大選發言人的事，當下覺得很震驚，但是，立刻也覺得這就是自己熟悉的媽媽會做的事：

「那是一種『意外、又不意外』的感覺——我媽媽本來就『瘋瘋的』，她想做一件事情，就會不計後果、瘋狂去做，」而Mina尤其難忘的是：

「我當時問媽媽，為什麼要去做這件事，她特別說了一個字：『Belief』（信念），我當時就覺得，她就是在做一件衝到底的事。」

「我當時還有一個『觀察』，媽媽在跟我解釋她做這件事的理由所說的內容，每一個細節，都與她在媒體上跟大家講的一樣，這表示，她真的是在做一件她認同的事情。因為她沒有必要、也不會隱瞞自己的女兒什麼事情。」這是早熟的 Mina 對自己母親的觀察。

而于美人對於女兒表達的心聲，也有自己的感觸：

「我如果連自己的女兒都不能說服，我怎麼有辦法告訴別人這些事情是我所相信的？」

而余湘，更是帶著經歷過多年前從生死關頭歷劫歸來的身體，要讓他的先生吳哥哥，以及與她的關係既是母子、也像好友的兒子 Chris，理解到她的毅力、決心，以及這件事情非做不可的理由。

而發生在她與吳哥哥之間的對話尤其「生動」。她回家告訴先生這件事時，吳哥哥的頭一句話是：

「我當然不贊成，可是，我只能尊重你的選擇。」吳哥哥的回應，其實表現的是對自己妻子的理解與重視。

這位常被外界封為「女強人」的妻子，對於多年相伴與支持自己的丈夫始終充滿感謝。而能夠理解余湘的人，或是了解他們夫妻默契的朋友，就會知道吳哥哥對於妻子投身大選的態度，反應的是他們兩個人對於「民主」這件事的認知及實踐理念——

即使知道對方的想法、觀點，甚至於判斷或執行決策的方式與自己不一定完全相同，卻會給予全然的尊重與支持。

就好比早年就事業有成的吳哥哥，選擇在四十歲時退休，但有著喜歡不斷挑戰自我個性的余湘，卻持續在外面繼續衝刺事業，並且越做越大，成為各界認可的「教母」等級企業家，就某個角度來說，兩個人對於生涯規劃的定義可說是「南轅北轍」，但是他們卻是彼此最不能缺少的另一半：

「我想最關鍵的是，我們夫妻兩人都理解什麼是真正的民主，也在我們的夫妻關係中去落實這樣的想法，這一點，我很慶幸，更佩服不斷支持我的吳哥哥。」

而余湘的兒子Chris，則是在幽默的反應中，展現了讓余湘感到溫暖的高EQ。

「媽媽變成副總統參選人，會不會給你帶來困擾？你應該知道，參與選舉這樣的事，可能祖宗十八代都會被挖出來喔！」余湘這樣問兒子，體貼的Chris則笑說：

「親愛的老媽，你要想清楚喔！他們是挖你，不是挖我喔！」余湘一聽，內心一陣悸動，因為她聽得出來，兒子的意思，是叮嚀她要好好照顧自己的身體以及心理狀態。

生命的必修課：跨越

說實在的，如果你是余湘，或于美人，假使這樣的一個「機會」掉到你眼前，你敢不敢接？

試著想一想這個問題，你的答案或許會跟很多人一樣——乍聽之下，會覺得這是一個相當好的「機會」，但是，經過深思熟慮後，並不會把它接下來。

而他們卻選擇接了。

相信不少人都超好奇，在于美人說的「一天」之內，或著更確切說，那十幾個小時之內，他們的大腦是怎麼運作的。也一定有人好奇，他們在做決定的時候，是否有「克服」過什麼。

我認為，在這裡可以思考的議題是：「跨越」的意志。

大家都喜歡看電影，也都能夠想像，受歡迎的英雄角色，一定不會在一開始就是十全十美、無堅不摧的。他們在「英雄旅程」的初期，常常也有所躊躇、有所茫然，甚至自我懷疑，而接下來一定會經過一關關歷練、逐步成長的晉級過程，最終或者脫胎換骨，或者化繭成蝶——而在這當中，很關鍵的就是「跨越」的意志在推動這些英雄往前邁進。

因此，我認為余湘和于美人，在歷經他們的「跨越」前後，也一定會有一些不同的面向展現。

於自己的內心——至少在任務一開始的時候，在相對於比較堅毅的一面，假使他們也有那些比較「柔軟」，甚至「自我探問」的部分，會是什麼呢？

在訪談的過程中，我很想試圖去「挖掘」出這些部分。不過，他們似乎沒有那麼容易讓我達到目的。

「我這個人，有的時候『感覺』比較遲鈍一些，不管是自己養病中的場景，還是商場上、參選過程中的場景，常常遇到很多事情，我身邊的人都替我緊張個半死，但我自己總是覺得『還好』。」這是我提出這些疑問時，余湘給我的反饋。

聽到余湘這樣說，我一開始的直觀想法是，以她數十年走跳江湖的歷練，展現自己的堅毅面是非常本能的事，換句話說，姊當然不會輕易「示弱」。

但當我反覆思量這句話背後的各種「話中話」，再對照余湘走過的生命旅程，我突然發現，她的「『感覺』比較遲鈍一些」，其實是經過多次生命角色的「跨越」而有的智慧與高度。

余湘至少經歷了五次重要的生命「跨越」：

第一次，她是一個被寄予厚望的少女游泳國手，卻放棄被全校師長、全鄉長輩看好的前景，毅然抛下保送師範大學體育系的身分，跨越報考一般大專聯考；

第二次，當她還是一個半工半讀的銘傳大學會統科夜間部學生，就抓住機會，一頭栽進人才濟濟、走在時代前端的廣告業，即使是從總機小妹開始做起；

第三次，她已在廣告業的最頂端，從買方負責媒體購買的總經理，跨越到賣方角色的電視台擔任副總經理，一肩扛起整個業務團隊的管理工作；

第四次，當業界公認她是本土廣告公司最令人矚目的CEO時，她卻在眾人不經意時一個華麗轉身，成為國際廣告集團的董事長；

而最近的一次，是這位「廣告教母」、「媒體教母」，以「政治素人」身分，受邀參與台灣總統大選擔任副總統參選人角色。

這不是余湘直接告訴我的，而是我在她身上觀察並且強烈感受到的體會——如果不讓自己夠柔韌——柔軟，卻堅毅富有韌性——如何承受在「跨越」之間、在「晉級」之間，所面臨各式各樣的生命課題？

至於于美人的「跨越」，首先是身分上的——最早是南陽街補教國文科教師，接下來卻接連在廣播節目主持人、電視節目主持人、作家的身分轉換中讓人看見她的蛻變。

而最近的一次是，當她的摯友余湘站在宋楚瑜身邊，擔綱副總統候選人角色時，她則站在他們身畔，扛起發言人的責任。

我曾問過不少朋友對于美人在這五十八天表現的看法，這些朋友有的吃麵包一定要抹橘子醬，有的不喝檸檬水睡不著覺、有的喜歡吃藍莓蛋糕，有的超愛喝可爾必思，但他們的觀察卻有一個不謀而合的共同點——

擔任發言人角色的于美人，發言謹守分際——這是非常不容易的，也不是其他許多在政壇待很久的發言人或資深政治公關能掌握得宜的。

「這次很多人給我肯定，但坦白說，我很『心虛』，或者說『膽戰心驚』，」于美人坦然地說：

「我必須要說，我參與選戰的時間不長，我就當了五十八天的發言人，或許還沒有到被放大檢視的時候，另一方面，親民黨在媒體中的版面也相對不多，如果時間拉得更長，也難保自己不會『犯錯』。」

從于美人的坦白與泰然中，我們除了可以想像發言人工作的難度之外，也可以看到在這樣的「跨越」中，除了勇氣之外，也需要謹慎卻從容工作的態度。

而于美人的另外一個「跨越」，是從挺綠的形象，轉成偏藍的身分。

而這一次扛起親民黨發言人責任後，許多有趣的場景便開始不斷發生，比如「于美人偏遠地區弱勢關懷協會」的卡車開到大街小巷間，在部落、加油站，或是不同地方，都會有好奇的民眾抓著司機或工作人員問：

「于美人怎麼會去支持宋楚瑜？發生什麼事了？」

于美人的綠營朋友，甚至還打趣地說：「幹得好！感謝你們分散藍營票源！」也有不理解她的人，甚至直接指著她的鼻子大罵：「叛徒！」

「我在面對民進黨對親民黨的攻擊時，心裡承受的壓力，或者沉重的程度，真的不是一般人能想像的。」

在這些大家都認識的于美人之外，也有另一部分大家不知道的于美人，值得讓讀者認識她的「跨越」，並且從中獲得啟迪。

放手一搏的勇氣

在「跨越」的過程中，存在危機，也勢必存在轉機，因此，如果想要一探那些轉機，或者發現更多讓自己晉級、甚至賦能其他人事物的可能性，那麼，除了深思熟慮、掌握時機之外，更重要的還是那股「放手一搏的勇氣」。

這樣的勇氣，可能也是在「跨越」的魄力背後，最重要的事。

余湘在她的其中一本暢銷書《像鏡子一樣的朋友》，書末有收錄一篇她受邀回母校銘傳大學畢業典禮演講的內容，裡面提到的態度，我認為很可能是我看過的、對這種「勇氣」最到位的詮釋。

「對我來講，勇敢並不是天不怕、地不怕，更不是不知道害怕，而是明明你心裡很害怕，但是，你還是會去面對它。」余湘在這篇演講中還特別比喻，「趨吉避凶」這樣的觀念是有限制的，因為如果所有的事情都挑安全、簡單，或保險的去做，就失去了突破自己、創造更多契機的機會。

余湘的這種態度，其實也呼應了她宣布擔任宋楚瑜的副手參選人時，很多媒體都問她"Why Yes?"而她的回應是，從以前到現在，包括這次的參選，每當面臨新的挑戰或機會，浮現在她腦海裡的聲音，卻是"Why Not?"也正是這樣的積極態度，讓她擁有了更多創造豐盈人生的可能性。

余湘還提到，現在的很多年輕人，常常都是被動地在面臨選擇，而缺少自己主動地做抉擇。她想強調的意思是，不論面對的是公共事務，或是生命旅程中的所有考驗或突破，人的選擇，絕對不是只有現成的一、二或三，而是更能經過「一番思辨」的過程，最終做出自己的「抉擇」。

這裡，我們應該在「一番思辨」四個字下面畫下重點線：「勇氣不是一時的，勇氣是需要永續的，所以你必須裝備著超高的EQ來支援，這包括了良好的情緒管理、清明的自我意識、推己及人的同理心，也包括對周遭事物的基本善意。」余湘這樣說。

但是，在養成這股放手一搏的勇氣之際，培養出另外一種心態也非常重要，那就是要切切實實地認知一件事：「成功沒有捷徑。」

這是一句聽起來老生常談的一句話，但是，卻是這位「媒體教母」、副總統參選人，從小就懂的道理，而她也一直把這句話放在自己心裡面，當作自己的座右銘：

「常聽到很多年輕人發問，有沒有一種成功的模式或是捷徑？我的答案是沒有！生命的真相是：『成功是異常的，失敗才是常態』，而你也一定要把一切都準備好，當機會來的時候你才抓得住。如果，一定要有一個不二法門的話，」余湘說：

「那就是全神貫注地盡到你的責任，一步一腳印地踏實完成每一個步驟，就像我年少時期自己經歷過的，如果沒有在那池冰水裡一天、一天地游，怎麼可能游到全國冠軍？怎麼可能變成你們今天認識的余湘？我再舉美人的例子，大家都說她在這次大選期間表現得無可挑剔，可是，有沒有人想到，那是她多少年在教育、媒體界紮實的經驗堆疊與累積？」

凌駕於所有層次上的公益

大部分的人對余湘戰勝病魔的故事並不陌生，甚至這位華人女性領袖的故事，也出現在許多外媒報導裡面。

在長年的媒體工作中，我也接觸過許多在生命旅程中走過生死關頭的受訪對象或典範人物，總能在他們身上發現類似的特質：

首先，他們更愛護自己的健康；其次，他們更加待人以和、待人以謙；再來，他們會更加思考自己能為這個時代創造、貢獻什麼價值。

在這裡，我發現了一件事：就參選這件事來說，余湘很可能是「矛盾」的。

投身大選，曾經走過生死線的余湘，增加的是自己操心、操勞的機率；但是，她卻創造了賦能台灣、賦能這個時代的可能性。而她從勸退宋楚瑜，再到反被勸進的過程，恰恰也讓我們看到了這樣表面看似呈現的「矛盾」，背後展現的其實是令人敬佩的自我妥協、甚至奉獻的格局。

正如同她一開始打算勸退宋楚瑜參選的心意，不論基於好友的立場，或是夥伴的立場，都很可能帶著這些對宋楚瑜的關心：

「這是一場『不會贏』的仗，沒有必要去耗費自己的心力。」

「一生為台灣奉獻的公務員、長者，為這片土地操心了一輩子，該讓自己休息了。」

「藍營票源可能分散，宋楚瑜的善念及初心，或許會遭到外界誤解。」

但是余湘最後選擇的，卻是接受宋楚瑜的邀約，帶著于美人，一起並肩打這場「很難贏的仗」——或許，余湘的心境，可以在她與于美人走出宋楚瑜辦公室、做出抉擇的那一剎那間，用她講過的一句話就能總括：

「政治或許就是最大的公益。」

余湘說，在理解了宋楚瑜五度參選的用心後，她真切感悟到，如果從一個國家最上層的政策面來著手，才能夠帶給民眾最多、也最有效的照顧，比如她認同推動國民義務教育年齡下修到四歲：

「美國國家教育政策委員會早在一九六六就提出『普及幼兒教育機會』（Universal Opportunity for Early Childhood Education）宣言，指出孩子到六歲才接受教育為時已晚，他們應該從四歲起就有接受教育的權利，因為六歲以前的發展對孩子未來具有決定性的影響。越早開始扎根，就越有可能讓我們的孩子跟得上世界的腳步。」

余湘更強調，當人工智慧、機器人技術，以及網路擴散重新定義孩子的學習方式時，除了要提早學習，讓孩子跟得上全球的步伐，更重要的是讓每個孩子建立起獨立思考的價值觀：

「意識形態一定要拿掉，教育才能乾淨，我們期待孩子能夠自主學習，學會洞察力、質疑、論證的能力！」

將政治比喻為「最大的公益」，未必適合從所有的政治人物、公眾人物口中說出來。但是，對於這位被稱作「媒體教母」的「政治素人」來說，絕對是如此的。因為，已經事業有成、經歷病痛、走過生死的余湘，早就把公益事業視為自己生命旅程的核心。

因此，縱使很多人都認為余湘的參選是「意外」，但我卻認為那是「格局」，而關鍵還是她這一次決定站出來走進大眾公眾視野的起心動念——

當其他人都在「喊口號」的時候，基於她長年投入慈善工作走過的每一個腳程，余湘真心要讓台灣人看見此刻當下面臨的「難題」，並且邀請大家一起來集思廣益，思考下一步該怎麼走——

因此，她也在發表政見的時候，邀請大家拿出勇氣，一起直接面對這些當下懸而未解的「難題」。

立法前應有更多討論與共識

時間回到二〇一六年底，台灣前籃球國手、資深體育主播傅達仁「上書」蔡英文總統，請命通過「安樂死法案」，並且表示願意成為全台第一名案例，引起廣泛的討論。

「你綁著、插著管子、哀哀叫的，還不曉得哪一天能死，那是痛苦、那是刑罰。」這是傅達仁在一次受訪時，一面皺著眉、一邊揮手形容著他看到其他人的情況。兩年後，飽受胰臟癌所苦的他飛赴瑞士蘇黎世，走完人生的最後一程。

他在離開台灣前表示，沒有什麼放不下了，「延長賽已光榮賽畢！」二〇一八年六月五日，他在臉書上寫詩一首〈客死蘇黎世〉（達仁安樂死之地）：「我來自台灣！為了公平、法治、自由、人權，客死蘇黎世也無憾！」預告自己生命將結束。幾天後，他在當地相關機構的協助下，為自己八十五年的生命歲月畫下了最後的休止符。

事實上，傅達仁赴瑞士尋求的是「協助自殺」（Assisted Suicide），或稱為「陪伴自殺」（Accompanied Suicide），這樣的行為在瑞士的法律中不算犯罪，但「安樂死」（Euthanasia）這個字本身仍然在當地法律上造成爭論。而在台灣，根據《刑法》第二七五條的描述，「安樂死」同樣造成爭議：「教唆或幫助他人使之自殺，或受其囑托或得其承諾而殺之者，處一年以上七年以下有期徒刑。」

傅達仁會選擇這樣的「陪伴自殺」，也看得出他身為體育人及「運動家精神」擁有的風骨——他一定要以瀟脫、爽朗的姿態與世界告別。

而在離開這個世界的前一刻，一向念舊情的他也不忘打電話跟許多好友告別，其中一位就是余湘。

「他非常真摯地跟我道別，也訴說了他對台灣的關心，」余湘回憶當時和傅達仁的談話內容，她仍然清晰記得的是傳達仁在生命旅程最後一刻的瀟灑：「他非常清楚自己下的決定是什麼，而且他希望我能把他對這個世界的愛傳達出來。」

而說到「陪伴自殺」，或「自主安樂死」（Active Euthanasia）的相關話題，由真真切切走過生死關的余湘提出討論，就格外讓人不得不正視。余湘當年在連續三次的大手術中多次昏迷指數來到「三」的最低點，而當她漸漸恢復意識後，耳邊隱約也聽到醫師與家人的對話，說的似乎是，即使撿回一條命，也無法立即判定她能恢復到什麼程度。

而在漫長的復健歲月中，她心裡千迴百轉思考過的問題就包括：

「如果我真的變成一個沒有行為能力的人，不能繼續做我熱愛的工作，不能伸手擁抱我愛的人，甚至不能感受生命裡的喜怒哀樂，又拖累家人的未來，我該怎麼辦？我的家人又該怎麼辦？而這些事情，如果是發生在一般收入的家庭中，又該怎麼解決？」

余湘感悟，攸關生死大事的議題，千絲萬縷，更是深切關聯到民生的不同面向，尤其在邁入高齡化趨勢的今天，也勢必成為影響著下一代的課題，「我們怎麼可以不拿出勇氣去正視它，甚至大家一起想辦法去找到最好的解決方案？」

余湘在這個議題當中的深切思考，是超越一般人想像的。她是一個基督徒，而這個議題當中的思辨，其經緯度甚至超過了既有的基督信仰論述，也因此，她不僅要努力與自己對話，反覆檢視、確認自己的每一寸初心與醒悟，也同時要面對各種不同的聲音與意見。

「生命是珍貴的，『自主安樂死』更是一件非常嚴謹的事情，不能和『自殺』相提並論，而是在一個自己與親友都做好準備的情況下，有尊嚴地與大家告別。」余湘在媒體受訪時就強調，要用最嚴厲、最深層的態度來看待推動「自主安樂死」這件事：

「一點草率都不可以。」

關於這個話題，我也曾採訪過幾位不同國家的醫師，而這些醫療工作者，也都持有不同角度觀點。有人認為，醫者仁心，醫療工作者是「救命」的，應該要讓生命自然走向終點，而不是用「加工」的方式讓病患離開人間；而也有人認為，「醫者仁心」的解釋也可以有不同的層次，在臨床工作中，他們看了太多人痛苦掙扎在病榻上，為自己與家人都帶來非常大的痛苦與負擔。

因此，生死之間的問題，永遠都是一件複雜的課題。

以台灣來說，《病人自主權利法》、《安寧緩和醫療條例》都已經幫助大家在這個議題上提出更多討論空間，但是余湘認為，這件事對社會、文化及宗教的衝擊都很大，大家很難形成真正的共識，因此，各界還可以有更多交流與討論：

「我們對生命的理解，是這麼複雜、多元，不一定要急著立法，但立法前應該有更多的討論與共識。」余湘希望，在出生人數漸漸小於死亡人數——已經「生不如死」的當下——也就是高齡社會來臨之際，推動「自主安樂死」的討論，不論從社會的層面上，還是從國家的層面上，都是一件重要的事。

「必輸」後面的「必贏」

除了前面提到的推動自主安樂死立法、設立青年及銀髮社會住宅、推動國民義務教育向下延到四歲，還有其他包括設立新住民委員會，以及照顧貧困農民、勞工、老農，還有支持台商建立產業聚落等議題，都是宋楚瑜和余湘提出的政見內容。

但即便我們把親民黨，或是把宋楚瑜、余湘這兩個名字暫時先拿掉，閉上雙眼想像一下這些文字背後的場景，我們可以去感受，這些敘述都「有血有肉」——這是余湘對這些政見的形容，而也因為這樣的「有血有肉」，才讓這些面向不僅緊緊牽動著我們的過去與未來，更深深影響著台灣人真實生活中的滴滴點點。

「我們怎麼可能沒有認知到，這是一場『很難打』的選舉？可是，我們心裡堅信一定能夠達到目標。」在訪談中，于美人特別強調「目標」兩個字，指的是在民主的腳程上，站在超越黨派、立場的高度上，藉著大選的力道，以及政見的發表，讓該被關注的議題重新回到大眾的視野，並且被正向地討論。

「光這些聲音被討論，我們都覺得是對台灣有價值的。」于美人所要表達的，其實就是他們「知其不可為而為之」——堅決打完這場外人認為「必輸」的選戰背後的精神。

而從另一個角度來說，看起來「必輸」的後面，其實是「必贏」的局面。

余湘這樣娓娓道來：

「這一次宋楚瑜跟我的參選，也把很多既有意識形態的界線解放，因為，在兩個政黨的角力之下，我們提供的並不是『第三種聲音』，而是『第二種聲音』——我們不能只為了這『一種聲音』就一定要用『二分法』，這會在這片土地上產生更多仇恨與對立，我們希望的是，大家把焦點放在怎麼樣讓這個國家更好上面。」余湘希望這樣的心聲，能夠被更多人真正理解。

「所以，這也是為什麼我們形容大選是一場『嘉年華』，」于美人補充：「大選就是一場民主的盛會，會幫助大家找到更有機會的、能夠被執行的對策，而最終，是所有人一起找到最好的可能——這才是我們定義中的『選贏』。」

因此，不管最終的結果是哪一組團隊勝利，「他們」都沒有輸。

他們是誰？不是親民黨、宋楚瑜，或者余湘及于美人，更不是藍營或綠營，而是每一個台灣人。因為，當更多人能夠更客觀地一起靜下心來檢視問題，並且願意把手牽起來一起去解決它們的時候，一切努力都不會白費，而這個國家更美好的未來也就越被期待。

劉宥彤：余湘讓我想到「怪獸電力公司」

看起來「必輸」的後面，其實是「必贏」的局面——在聊過這個話題後，我接著要「爆一些料」——與余湘和郭台銘的「密談」有關。

但是，在進入這部分的內容之前，我希望大家能對余湘有更多面向的認識與想像。因此，在這裡，我也要分享余湘幾位競選期間夥伴的訪談內容。

「說到湘姊，我想到的是『一個童話』和『一部卡通』。」說這句話的人是鴻海創辦人郭台銘核心幕僚——永齡慈善教育基金會執行長劉宥彤，這次她在親民黨不分區立委提名名單中名列第四。

在過去待過奧美集團的劉宥彤，自然對余湘這位「媒體教母」的名字不陌生，只是，因為大選的關係真正認識余湘本人後，更發現余湘與自己之前的想像有極大差距：

「余湘在我們『廣告圈』，或『媒體圈』裡，就是一個傳奇人物，沒有任何顯赫或特殊的背景，從最基層的小妹做起，一步步奮鬥到今天的成就——她創辦『媒體庫』，再『賣給』美商WPP集團，從『被併購的公司』，再成為『併購集團總裁』，還把一年虧損四千多萬的『聯廣』在幾個月內轉虧為盈，也在電視史上寫下很多個第一次，成為『教母』——從她的這些事蹟來看，正常人可能都會把她想像成一個作風犀利、強悍的女強人，而在我原來的想像中，她應該就是一位這樣高高在上、高不可攀的前輩，可是，」劉宥彤回想：

「認識她本人之後，就發現她是一個與那樣的形象完全相反的人。」劉宥彤說：

「我覺得余湘《像鏡子一樣的朋友》這本書開篇序言裡面形容的她，就是非常到位的描述：『她不是正在稱讚你，就是在想要怎麼稱讚你。』跟余湘相處，你覺得被肯定、被需要，覺得被尊重、被愛……我想，用一個童話寓言故事裡的情節來描述她應該會非常到位——」劉宥彤笑說：

「湘姊，她就是『北風與太陽』故事中的那個太陽，她太溫暖了！她周遭的人，幾乎沒有一個人能夠『抗拒』她的那種溫暖，她永遠都在鼓勵別人、賦能別人，跟她一起並肩作戰的日子，我真的覺得自己每天都充滿力量，很真實的力量，就很暖，暖到你無法抵抗。」

「你剛剛說，『一個童話』和『一部卡通』，童話的部分是『北風與太陽』故事裡的太陽，這部分的確不難理解，那卡通的部分又是什麼？」我問劉宥彤。

「《怪獸電力公司》（她用的是英語：*Monsters, Inc.*）。」劉宥彤笑說。

劉宥彤一向是很風趣的人，有的時候會「不按牌理出牌」，可是，背後一定會有她能夠說服別人的邏輯或觀點。

「什麼？」我瞬間覺得我是不是聽錯了什麼。

「真的啦，《怪獸電力公司》，因為，」劉宥彤笑說：

「用愛發電呀！」劉宥彤說完，我們一起笑了起來。

在《怪獸電力公司》劇情中，怪獸們原來利用驚嚇人類小孩得到的「尖叫聲」來給怪獸世界發電，但經過各種劇情的推進與反轉，本性善良的怪獸們最終發現，「笑聲」發電的效率反而更好，因此，怪獸們的任務就變成逗小孩開心，並且以效率更高的「笑聲」取代「尖叫聲」來發電，同時也和孩子們成為真正的好朋友。

劉宥彤的風趣，也非常令人深思：

「從郭台銘投入國民黨總統初選開始，我從一個『政治素人』，變成發言人，後來又變成親民黨不分區立委參選人，這一趟旅程，真的大開我的眼界。我不諱言地說，選舉的過程，就是一個『攻與防』的過程，很多時候，是沒有所謂的『餘地』的，甚至從很多人的表現來看，也會讓你覺得根本沒有所謂的『君子之爭』，為了贏，就是『不擇手段』。」劉宥彤強調，余湘是一道另類的「風景」：

「或許這些都是政治這件事當中的某些面向，姑且不論是正常的還是不正常的，但是，陡然間有這樣的一個『政治素人』余湘出現，你會感覺，她很堅持地在做自己想做的事、認同的事，而且永遠正面、積極、樂觀，不是在鼓勵別人，就是在激勵別人，也因為這樣，她真的顯得太特別了！」

除了劉宥彤之外，郭台銘另一位大將——永齡慈善教育基金會副執行長蔡沁瑜的心聲也同樣值得分享。

跟劉宥彤一樣，一路從郭台銘參與國民黨總統初選時擔任發言人，到後來同樣名列親民黨不分區立委提名名單，新聞主播出身的蔡沁瑜分享與余湘相處時的感受，與劉宥彤說的情況非常相似，但是，卻又有那麼一點點不一樣：

「以前，余湘就是我播報新聞中會說到的名字，她的大名如雷貫耳，見到她之後，真的很難想像，這樣一個事業成功的人，私底下是一個完全沒有距離感的人——這跟我們認識的一些資深廣告人的特質似乎不太一樣，尤其她又那麼高層。」蔡沁瑜說，余湘身上有一種神奇的力量會讓所有的事情「一到她身上就會立刻迎刃而解」：

「湘姊永遠都笑咪咪的，競選期間，我們大家緊密相處在一起，我沒有看過她生過一次氣，再怎麼複雜的事情，一到這位副總統參選人這邊，都變得簡單，這就會讓我們這些立委參選人覺得，她都可以做到這樣，我們就更不能怕面對挑戰。」

蔡沁瑜說，余湘不論是生活的態度，還是工作上的態度，都給她非常多激勵、甚至榜樣。

令蔡沁瑜難忘的，還有他們一起在台南掃街拜票的記憶。掃街工作的疲累，其實是超過一般人想像的，有的時候走在人群中，有的時候又要站在宣傳車上，太陽曬在頭頂上，大風吹在臉上，不時還會突然下起陣雨，常常一忙起來，一天就是從不間斷的十幾個小時，而對於參選人來說，喊到聲嘶力竭都是難以避免的事。

「有時候，你會忙到、累到就是會忘了喝水，你甚至還會忘了你要隨時補充水分這件事，這在非常需要體力的競選期間是不能忽視的，但是湘姊就是會非常貼心地，隨時提醒我：『沁瑜，不要忘記喝水囉！』『沁瑜，你該喝水囉！』，有時候我一晃神之間，她就已經把水放在我手上，到現在距離選完已經這麼久了，我還對那個場景中的她念念不忘，這個真的就是一個領導人讓人信賴、喜歡的地方，」蔡沁瑜說：

「你知道，她真心。」

而來自社會福利背景、也名列親民黨不分區立委提名名單的滕西華，在競選期間，也有跟余湘工作時的難忘回憶：

「其實在競選之前，我們是不認識的，但是一起工作的時候，你可以感受到，她的細緻跟貼心會發揮在每一個細節裡，比如我們一起參訪社福機構時，她會在意到被參訪機構的很多感受，該怎麼和他們溝通，哪裡不能拍，哪裡應該拍，她都了然於心，並且關注到所有細節，」滕西華說：

「或許對很多政治人物來說，在社福這一塊的接觸都只停留到選前那一刻，但我很確信的是，余湘並不是這樣；她從選後到現在，還一直在做這些事情，從來都沒有停下來，幫助人就是余湘生命中的一部分。」

余湘的溫暖，讓她共事的人都感念在心，滕西華就記得：

「每一次有記者會，或是在電視或廣播上接受訪問前，余湘一定會打電話或傳Line過來打氣。她總是叮嚀，只要努力把專業發揮出來就好，其他的，不用害怕，交給她。還有宋主席，也都會給我們這樣的直接關心，要我們發揮各自的專業，政治的部分就交給他們。這樣的宋楚瑜和余湘讓我們非常感動，也能讓我們安心聚焦於自己眼前的工作上。」

歐美有句諺語：「慈善從家做起。」（Charity begins at home.）

這句話大致的意思，是指真正的慈善不是做給外界看的，而是從自己的生活、身邊開始實踐。滕西華說，她從事社福以及慈善相關工作這麼久以來，發現真正貫徹這句話的人並不多，而余湘，就是真正理解並且實踐這句話的一位典範人物。

以上這些章節片段，主要由劉宥彤、蔡沁瑜以及滕西華三個人的訪談整理而成。而值得一提的是，雖然這三個人是在不同時間分別接受我的訪談，但他們各自分享的內容，卻有某種異曲同工的趣味。

其中，劉宥彤也補充透露，郭台銘在參選國民黨總統初選時，最早也屬意過余湘擔任副手人選，但最終考量到他和余湘都是「政治素人」，而正、副總統參選人中，最好還是有一位要有深厚的政治、公共事務資歷，才會對兩個人組合更有幫助，因此之後選擇了前台東縣長黃健庭，他出身政治世家，父親黃鏡峰亦曾任台東縣縣長，自己則當過立法委員、國大代表，也曾在《遠見雜誌》縣市長施政滿意度調查中多次蟬聯五星縣長。

「巧的是，余湘跟黃健庭還是國中同學，所以我們後來在聚會的時候，還調侃他們說，這一班出了兩個『副總統未遂』。」劉宥彤說到這裡，笑得很開心，藏不住的是她對這群夥伴的喜歡。

最後，我覺得可以用劉宥彤的一段話來為這個章節做個小總結：

「要說湘姊是貴婦，沒有錯，可是她不是那種我們認知中的『貴婦』——余湘的氣質跟修養，更表現在她的沉靜，從容不迫，還有對周遭人的理解當中，而且她永遠在肯定你。」

「用愛發電。」我說。

「對，用愛發電，超強的電力！」劉宥彤笑說。

小白兔進入叢林「密談」的發現

值得分享的，還有余湘在這五十八天競選期間，她學會的一堂「政治課」。

對於企業界出身的余湘加入大選，有人形容是「小白兔進入叢林」，對此，余湘的反應是：

「我一個『政治素人』，也很想知道，所謂『政治』到底有多『黑暗』？但是，我一腳踏進來後，看到的卻不是那麼一回事。」

余湘的發現與領悟，和兩位與她密切相關的夥伴有很深的關係，一位是她的搭擋——親民黨主席宋楚瑜，另一位是鴻海創辦人郭台銘。

這件事情，還得從余湘與郭台銘的「密談」說起。

回顧選前公布的的親民黨不分區立委提名名單，一共二十二人，最大亮點是聯電榮譽副董事長宣明智排名第三，以及鴻海創辦人郭台銘核心幕僚劉宥彤排名第四、蔡沁瑜排名第九。

余湘坦言，一開始的排名並不是如此。在一開始的安排，被稱為「郭家軍」的劉宥彤及蔡沁瑜，本來分別名列第一名以及第三名。

但是，余湘認為這樣的安排還可以有調整的空間：「我們不要讓外界認為，這份名單是『郭家軍』或『宋家軍』，我們就是要從全民的角度來為國舉才。」因此，余湘提出，應該要把擁有社會福利工作資歷的滕西華排名往前調整。

余湘與郭台銘在討論這件事的時候，原本排名第一的劉宥彤也在場，但是她並沒有試圖為自己「爭取」什麼，反而是非常大度地表示，自己怎麼樣被安排都沒有關係，只要這份名單對國家是有益的。

而郭台銘，更是立刻接受余湘的建議，這一點，讓她非常欽佩：

「郭台銘不一定非得要接受我的建議，他如果堅持要把劉宥彤放第一，不只是我，就連宋楚瑜也都會妥協。但是，郭台銘並沒有這樣做，這表示他想的不是自己，而是一個大局！」

除了劉宥彤之外，李鴻鈞中間也一度被調整為排在第一的考慮人選，不只因為他在親民黨內資歷深厚，更因為他是名單中最熟稔議事規則的人，他也非常大度地表示願意接受余湘的建議，從社會福利工作面向的佈局著想，把前面的排名讓給滕西華。而我們也可以有這樣的理解角度——

「代表親民黨的李鴻鈞所展現的大度，其實就是宋楚瑜的氣度。」于美人說。

另外一個大幅度的調整是宣明智的部分。

在一開始的安排，宣明智是位列二十二個人裡面接近中段的部分：

「宣明智是聯華電子前總經理，還曾經主導聯電五合一案，合併包括聯電在內的五間關係企業，讓聯電成為國際上重要的晶圓代工廠，這樣的人才，怎們可以放後面？」於是，在余湘的建議下，宣明智的排名，被往前調整到了順位第三。

而對於余湘這個「政治素人」而言，這整個協調的過程當中，她看到最重要的一件事就是宋楚瑜與郭台銘的「高度與氣度」：

「外界還不一定知道的是，本來宋楚瑜是要把票『禮讓』給郭台銘的！本來我們的想法是，由郭台銘御駕親征，帶著整個親民黨出來選！最後，因為郭台銘決定不出來，宋楚瑜才披著戰袍自己出馬。」余湘道出了很多人不知道的「內幕」。

雖說是「內幕」，但是若能理解余湘所謂的「高度與氣度」，對於一切就都不難理解了。

「各方勢力都想佈局，當時還有很多人想爭取不分區立委，但是，我們沒有任何利益捆綁的問題，所以這些事情在這裡都不會成立。」于美人補充：

「在發布不分區立委排名的那一天，我一個下午都在等這份名單，因為記者都在等我公布，等到電話一打來，我一收到這份名單，心裡真的就是一個讚嘆！果然是我『阿季』余湘，協調能力有夠好，我當時心裡想，如果中華民國台灣派余湘去跟全球溝通，我們一定能跟全世界交朋友！」

「我的協調能力，不是最重要的事啦！關鍵還是宋楚瑜跟郭台銘的『高度與氣度』！」余湘笑說：

「很多人說政治很『黑暗』，可是這就是我的第一堂政治課，我沒有看到『黑暗』的一面，而是看到很多人心中的格局！」

這是「政治素人」余湘——「小白兔進入叢林」後經歷的一堂「顛覆」的政治課。

「郭家軍」這樣說

看完了余湘「小白兔進入叢林」的「密談」經過，我們可以進一步再來挖掘更多背後的「內幕」。

我們先回到余湘與郭台銘「密談」不分區提名名單的會議現場。郭台銘核心幕僚劉宥彤，就是手拿著簽字筆負責寫白板的那個人。

「很多人都問我，從原本的不分區排名第一，後來被調到第四，會不會不舒服？我必須說，真的不會，因為我這樣的『素人』，本來就不在『政治行業』的這個範疇裡，更何況我跟蔡沁瑜這次名列不分區名單的意義，是為了讓郭台銘提倡的『中間力量』讓更多人理解。」

郭台銘不斷強調，如果讓一個黨完全執政，就會有「權力的傲慢」；如果兩黨勢均力敵，就沒有「中間力量」；而也就是這樣的「中間力量」存在，才能讓台灣有更多元的聲音，有更安全、走得更長遠的可能。因此，他主張的是「國會兩大兩小」——具體就是讓親民黨、民眾黨進入國會，使中間勢力極大化，確實監督、無私做事。

在這裡也要介紹一下劉宥彤與宋家的淵源。

劉宥彤的父親是宋楚瑜就讀政大外交系的同班同學；祖父劉季洪——國立政治大學前校長，曾是他們的老師，也幫宋楚瑜寫過留學美國的推薦信；劉宥彤本身也是親民黨創黨成員之一——這些「淵源」，再加上劉宥彤個人對宋楚瑜的熟悉與做人處事的敬佩，讓她接受了宋楚瑜的邀約，願意擔任親民黨不分區立委參選人。

「我是在支持一個我熟悉、始終敬重的長輩，這不是任何利益交換，再加上宋主席也找了我老闆郭台銘說想找我加入，因此，我們本來就不是以『當選立委』為前提來做這件事情，所以排名怎麼調，真的都是無所謂的，」劉宥彤強調，關鍵還是「中間力量」的聲音要被擴大：

「所以，不是說郭董把人『借出』，他的人一定要當選，或是『郭家軍』、『宋家軍』，甚至『柯家軍』一定要怎麼樣。我們的邏輯就是以大局為重，一起『把這一個局撐出來』，把『中間力量』的聲音喊出來，讓更多人知道這其中的邏輯跟道理。」

劉宥彤在與我訪談時，聊的看起來像是「政治」，卻又好像不是「政治」

「這個世界上，好像有很多東西，本來就是灰色的，很難用二分法，沒有絕對的黑，或是絕對的白，而在這一次，我們的主張是，如果拋下絕對的極端，不要用一種極端，去呼喚另一種極端，你的選擇可以是——如果你的光譜是偏藍一點的，政黨票可以投親民黨；如果你是比較偏綠一點的，可以投民眾黨——中間力量，是可以往左、往右都持續擴充的。」

去年四月，郭台銘、朱立倫、韓國瑜出席前總統馬英九舉辦的「重振台灣競爭力」座談會，有人問：「你們真的是一個團隊嗎，真能彼此合作嗎？」「是不是組『復仇者聯盟？』」

郭台銘在當時回應，自己是「政治素人」，沒有包袱，誰都可以吸納——甚至也說，如果民進黨有真心想為台灣做事的人，也可以合作，他只要組「勝利者聯盟」。

劉宥彤回憶，以她從「政治素人」的背景參與這一場大選的經驗來看，在他們主張的「中間力量」當中，在宋楚瑜、郭台銘以及柯文哲三方人馬之間，有媒體或其他力量一直想辦法在其中製造很多有關分化或矛盾的議題，在她看來，這些人的行為或許是政治常態，但是，如果從「素人參政」的角度來看，這些「政治的面向」都可以被超越：

「在我同意加入親民黨不分區名單時，也有朋友跟我說：『你以為親民黨很藍嗎？宋楚瑜也在幫蔡英文做事啊！他還受蔡英文委託，擔任我們的APEC（亞太經濟合作會議）代表！』」劉宥彤說，這樣的聲音就是不可取的二分法。

「宋楚瑜怎麼會是在幫蔡英文做事？他是在用自己的外交專才，幫台灣跟各國首腦斡旋，是在幫中華民國做事。」所以，不管是APEC代表，或者甚至像是海基會董事長這樣的責任，都可以是「擴大光譜」的地方，也都可以是展現「中間力量」精神的地方。

和劉宥彤聊到這個地方，我個人心中的感覺是：這不只是APEC代表宋楚瑜的高度，同樣也是總統蔡英文的高度。

我想，這才是郭董心中真正的「勝利者聯盟」啊！而這也呼應宋楚瑜在接受APEC代表任務時說的：

「我雖然當不了船長，但我也不會讓這艘船沉了！」

另外，除了APEC代表之外，很多人對於宋楚瑜可能也都會有這類的疑問——

「親民黨究竟做了些什麼？」

「除了APEC代表之外，宋楚瑜究竟還做了些什麼事？」

「不就是每四年選總統的時候跳出來一次嗎？」

其實，這也是我自己的疑問。

當然，我也問了于美人這些問題，我實在想聽聽這位宋楚瑜身邊的大選發言人會怎麼說。

「我原來有跟你一樣的疑問，」于美人說：

「但我擔任了大選發言人、近距離認識宋楚瑜後，才知道一切都和我們原來的想像完全不一樣。」

其實，如果把目光放回第九屆立法院黨團提案及三讀通過的法案中，就可以發現——親民黨提出的一百二十九項法案，有五十五項三讀通過，遠比國民黨十二項通過及民進黨十四項通過都多。而在這次大選期間，一支親民黨製作、由郭台銘本尊配音的廣告中，就秀出了這些數字，讓很多民眾覺得「吃驚」。

于美人解釋，會讓民眾覺得「吃驚」的原因是，平常大家聽不太到聲音的親民黨，竟然在立法院內「默默」或者埋苦幹地推動一條條法案：

「資源不足，自然聲量不足，相較於所謂的大黨，親民黨也沒有辦法在平時經營地方黨部，這就是為什麼大家只會在選總統才聽到宋楚瑜聲音的原因，那麼，其他的時間宋楚瑜在幹嘛？除了比較多人知道的APEC代表，大家想一想一百二十九項法案中有五十五項三讀通過這件事，就不難理解了。」

或許我們可以這樣理解——任何一個人，如果都直觀、武斷地立刻去評價一個公眾人物，那麼，無論是對這個公眾人物，包括「每四年出現一次」的宋楚瑜，或是目前在位或不在位的其他領袖——都是不公平的。

臨崖而立的人，對風向的憂懼及感受，必定遠大於站在院子裡乘涼的人。

「勝利者聯盟」與「愚公的基因」

「勝利者聯盟」到底贏了沒？

不同的人，或許會給這個「勝利者聯盟」不同的定義與解釋，有人可能會說：「親民黨沒有選贏啊！」

但是，我們可以這樣看：蔡英文總統多次委派宋楚瑜代表中華民國台灣參加APEC——這裡面跟黨派角逐無關，跟利益交換無關，而是不分黨派一起為中華民國台灣做事。

「說到台灣民主，我們就應該培養對美好未來的想像力，而在這裡，有一個前提可以讓大家思考：」于美人說：

「我們必須進步到——不要有人落選就哭。選民為什麼要為參選人落選而哭？我們看看這幾年，那些在各層級選舉中落選的人，很多人在選舉結束之後都過得比你還要更好，人民為什麼要為他們哭？」于美人幽默地說：

「我要強調的是，我們不應該相信完美的制度，甚至完美的人，台灣的民主，如果從總統直選的歷程來看，我們走了二十四年，從過去的『威權式』政治，到現在這種被意識形態撕裂的情況，我們經歷了一個又一個『英雄幻滅』的過程，因此，或許可以這樣說——對政府『不信任』——才是進步的民主素養。」

于美人所說的對政府「不信任」，或許經過這樣的詮釋會更清晰——不論這個環境怎麼變化，或是誰成為政壇上的領導人物，一個民主社會中的任何一分子，除了不應該放棄對美好未來的想像力，更不該放棄對在位者的細緻觀察與監督。

在這部分，余湘已經展現了一個典範給我們——時間再回到選前，余湘受雲林縣虎尾厝沙龍獨立書店邀請演講。

她強調，不論選局變化如何，她會本著「愚公移山」的精神走完選舉這條路，而選完之後，也會將這樣的精神繼續延傳下去。

我們都知道，「愚公移山」故事的一個重要精髓寓意，是愚公為了鄉民的出行便利而進行「移山」的工作，當其他人不理解、甚至嘲笑他的行為，認為他有生之年不可能完成這個浩大工程，他是這樣說的：

「即使我離開這個世界了，還有兒子在呀！兒子之後還有孫子，子子孫孫無窮無盡，可是山卻不會增高加大，何必去擔心移不了山呢？」

愚公的堅持，不但是任務成功的關鍵，也是故事的最動人之處；而對照余湘與于美人這般的「政治素人」，我們也看見他們已經如蝴蝶效應般地震動雙翅，影響著一位又一位與他們一樣的有心人挺身而出——不論是關心公共事務，還是投身公益——換句話說，還會有更多的余湘與于美人，以「政治素人」之姿或者其他同樣能夠發光散熱的身段，展現他們在不同層面上的影響力。

時間再回到政見發表的現場：

「我們台灣人民的未來，到底被置於何處？難道只有政黨的成敗？卻沒有全民的勝利？」而經過大選，這些聲音，是否也「成功地」停駐在很多人的心裡？

這是余湘在政見發表時吐露的心聲。

而我認為同樣打動人心的，是下面這一段：

「我是一個政治素人，但我同時也是一個經驗豐富的企業經理人，我也是專業、敏銳的社會觀察者，更是願意為我們的下一代付出一切的媽媽，所以不要小看我這次站出來的決心和堅定的信念。」

此刻，我又想到王家衛執導的電影《一代宗師》中，葉問的經典語錄：

「念念不忘，必有迴響」。

其實，這句話的源頭，出自於民國學者李叔同的《晚晴集》。這部作品把世界比喻為一個超大的回音谷，只要你不斷大聲喊唱，聲波就會在山谷之間來回傳遞，換言之，只要做到堅定、持續，那麼，世界上的每一個角落最終都會接收到你的聲音。

綿綿不絕，相印於心。

第四章

湘遇相惜互相欠

這一個章節，寫的是兩個女性之間如何交集的故事。

事實上，這個世界上有關女性與女性的故事非常多，但是，每個故事能被提煉出的啟發性都不同，而在這些啟發性中，如果還能夠展現出獨特性，故事一定會散發更多影響力。

書寫兩個女性之間的關係——尤其是余湘和于美人，不難寫，卻也不容易寫。不困難的部分，是我在與他們的所有接觸與訪談中，兩個人都展現了性格中非常敞開、直率，且樂於分享的一面，因此，在汲取基本訊息的部分，並不會讓我覺得難以完成。我想，除了本身性格的因素，這也與他們的歷練，以及走過生命低谷而淬鍊出的性格特質有關。

而不容易的方面，是即便我對他們各自的故事都已有最大努力的掌握，但是，兩人之間的關係，也只有他們彼此之間最了解。不過，在這裡是有破解之法的——我從第三方的角度觀察，反而更容易汲取具有「啟發性」的部分，進而可以提煉出具備傳播價值的內容再傳達給讀者。

說到這裡，這一個章節的寫作目標就很明確了——

單單寫兩位女性之間的「姊妹情深」，可能就沒什麼意思了。

我不但要從他們各自精彩的人生歷程故事中，找出交疊之處，並且讓讀者從中獲得啟迪，甚至讓每個人在閱讀的過程中，都能在自己的內心與這兩位女性展開「共創」。

那一晚，差點是「最後一面」

首先，還是得從他們兩個人怎麼認識講起。

那一個晚上，何麗玲邀請包括余湘和于美人在內的一票朋友到家中聚會，但是當時的兩人還不認識彼此。

時間快到晚上九點，大家已經吃了晚飯，在吃水果閒聊，還在WPP集團擔任總裁的余湘才在開了一天會後拖著一身的疲憊趕到。于美人還記得，那個時候的余湘留著一頭秀麗長髮，穿著一身白，雖然看起來非常累，仍然坐在何麗玲身邊和大家談笑風生。

余湘和于美人彼此打招呼後，大家才知道，原來他們是第一次見面，大夥還打趣于美人：

「你這個在電視圈打滾的人，竟然不認識余湘？」

在與我訪談的時候，于美人半開玩笑地回憶：「當時朋友們的言下之意就是：『于美人，你呀，不是混得不好，就是不用混了！』你能想像嗎？佘湘是『高層』，我們在『低層』，他們這些長官們大筆一揮，我們就是有節目，或是沒節目，所以當時佘湘出現在我面前，我心裡想的就是，就是這款人！主宰我生死的人上場了！」

當晚，兩人相約，日後再敘。

只是沒想到，過了幾天，于美人想再找大家出來聚會，她先打給何麗玲，但是，電話那頭的何麗玲聲音卻不大對勁：「美人，我接下來要說的事情，你要有心理準備，」她的聲音甚至顫抖起來，帶著哽咽：「佘湘正在重度昏迷中，還不知道醒不醒得過來，我們都焦急地不知道怎麼辦。」

算一算，佘湘被緊急送入急診室的那一天，就是他們在何麗玲家初識的隔天。

接下來的兩個星期，于美人也陸續接到消息，佘湘又動了第二次刀，再次重度昏迷；接著再動第三次刀，醫師說佘湘成為植物人的機率不小。

朋友們都知道，于美人從二〇〇八年開始大力投入公益，包括她扛起旗幟，號召朋友們成立「做好事小組」，義賣她用親自挑選的加州棗做成的「棗點做好事」

蛋糕，還有「蘋安做好事」蛋糕等點心，為的是幫助花蓮門諾醫院老人收容區的長者，以及八八風災中的受災戶和孩童；而最新的計畫還包括「帶著愛旅行」蛋糕加餅乾的組合，捐助的對象是婦援會，為的是讓受暴婦女，為自己、小孩，能夠勇敢站出來，離開有問題的家庭，向暴力說不——

而有關「做好事小組」的一切，其實源自於于美人在余湘康復後舉辦的感恩餐會，以及當晚幾個好友餐後繼續聚會時心裡出現的感動。

「如果要問我，是哪一件事帶給我了改變，還不如問，是哪一個人啟發我，讓我開始盡可能地為這個環境奉獻，這個人就是余湘。」于美人說著，看了看身旁的余湘：

「在余湘的感恩餐會上，我看見站在台上和大家道謝的她，想到她在生病之前就一直在做公益，走過生死關頭後，甚至更用力地在為社會做事，今天的我，假如也有一點點影響力，我怎麼可以不跟著一起來做？」

余湘感恩餐會的那一晚，是影響于美人非常大的一個時空場景。愛余湘的好友們，當夜一起慶祝她大病之後的重生，心情特別好的于美人和何麗玲手牽手在台上唱起了〈愛情恰恰〉：

「我一直沒有告訴過余湘，其實就是在那一個晚上，我在台上唱歌的時候，望著坐在台下的她，那雙眼神，經過了與死神的搏鬥，好堅毅，又好柔和，我嘴裡一面唱著〈愛情恰恰〉，心裡卻一直在顫動。」

〈愛情恰恰〉的旋律是輕快的，可是，于美人說，她唱完的時候，沒有人知道，自己的雙眼是濕的。

很多朋友都說，從生死關走回來的余湘，是二．〇版的余湘；而這個「二．〇版余湘」，也催生了「二．〇版于美人」。

對她最嚴格、給她最溫暖的——都是女性

接下來的故事，要從于美人的婚變——那一個讓她「重生」的「劫數」來說起。

那一天，余湘的先生吳哥哥開著車，余湘坐在副駕駛座。

「去吃什麼？」余湘問。

「就吃鱈魚吧！上次你不是說好吃，要帶美人來吃？」吳哥哥說。

「好啊，我也正好想到那裡。那個地方安靜，美人現在需要安靜的地方。」余湘說完，轉頭看了看後座的于美人，平常那個在電視上滔滔不絕、什麼類型的主持工作都難不倒的于美人，此刻正抱著自己的毛背心，閉著眼睛睡著。

那是二〇一三年——于美人婚變的那一年。

于美人曾在節目中感嘆：「婚姻前四年靠賀爾蒙，超過十年就要靠意志力在撐。」而她自己，也用意志力撐到最後一刻。

而當時，經過媒體的「推波助瀾」，以及種種社群效應，已經在夫妻失和、孩子撫養權、兩邊家人議題中折騰到身心俱疲的于美人，更因為這些風波而被工作上的許多合作方指責——

包括有代言廠商提出解約或相關賠償，理由是于美人離婚的形象已經「違反社會善良風俗」。

「你怎麼可以離婚？」

「你是台灣好媳婦的代表，你不知道嗎？」

「你傷了所有支持者的心，我一直叫我媳婦跟你看齊，結果你今天做出這種榜樣！」

曾經支持她的觀眾、讀者或粉絲，在當時的社會氛圍下，對于美人發動鋪天蓋地般的指責與批判，如今再回想，于美人感嘆地說：

「當時，給我壓力最大的，或者說對我最嚴格的，其實是廣大的女性群眾；而給我最溫暖支持的，也是女性──其中最重要的一位就是余湘。」

當于美人成為眾矢之的之際，余湘在臉書上發表了一封公開信力挺于美人，而這封公開信，還是她與丈夫吳哥哥兩個人花了一個晚上的時間，經過不斷討論、修改，最後一起寫出來的。

一封「逆風而行」的公開信

以當時的社會氛圍來說，向來有「好太太」、「好媳婦」形象的于美人，因為婚變而成為媒體焦點，其新聞熱度，甚至還超過北韓試射飛彈。

于美人對余湘當年的力挺感念在心：「我想，在現在的台灣，我們對不同信仰、政治立場，或者不同價值觀，比如同婚議題，大家都還無法做到完全的尊重；更何況是早期的台灣？如果你跟當時的社會氛圍發出不同的聲音，你被認為有問題的機率就很高。」

于美人說，當年她作為一個女性公眾人物，因為離婚被批判，在自己可以理解的範圍。但是，余湘公開挺她，等同「逆著風」和她站在同一陣線去面對這些聲音，對此她非常感恩。

而余湘的心聲卻是這樣的：

「有別的朋友擔心，這封信發出去，我也可能被罵，但是我並不想考慮這些，誰因為我支持美人來罵我、或找我麻煩，都無所謂。這封信的內容就是我想講、也該講的話。」在余湘眼中，沒有一個人可以任意決定另一個人的對錯：

「在『婚姻』這件事裡面，怎麼能這麼容易去說誰對或誰錯？如果你覺得相處變得困難了，你當然可以選擇離婚。如果一個人可以過得比兩個人好，為什麼不能一個人過？事實證明，美人離婚之後，她的狀態不是一天比一天更好、一年比一年更精彩嗎？她沒有沮喪或頹廢，人越來越漂亮、時尚，節目也越做越好，大家看到她好的表現，更多的機會也會主動過來找她。」這是余湘當年力挺于美人的初衷，一句又一句，都是她的心裡話。

如果說于美人在當時社會氛圍下發生的「形象轉換」是「逆風而行」，那麼，余湘挺于美人的決心，不但同樣是「逆風而行」，更是一種「先知灼見」，而這份「先知灼見」，不只是對當代女性觀念上的推進，更是預見了離婚後會變得更好的于美人。

于美人事後回想，余湘當年的那封公開信，帶給自己的幫助，其後座力是在一開始的時候無法想像的：

「余湘的那封公開信，在當下給了我莫大的安慰，讓我覺得自己不是一個人在面對這件事情，後來我更發現，是因為這封信，很多合作的電視台或製作方，打消了停我節目或與我終止合作的念頭。」

而余湘是這樣說的：

「我完全沒有想到這些，我真的就是覺得，該表達的立場就要表達出來。就算大家說我是『媒體教母』，我也不認為這個身分可以在這件事情上直接幫到美人什麼。沒有人不知道，是收視率在決定一切，是那些持續在成長的數字，讓美人的節目不但在當時可以繼續做下去，甚至她在之後還越做越好。」

余湘強調，那封信只是她自己想說的話；而真正幫助于美人挺過難關，讓她升級成「二．〇版于美人」的，是她在經歷這些事情時展現的勇氣，還有本身難以被替代的實力。

不是只有口頭上的相挺

「我從來沒有想像過，自己會被一個婚變搞得如此狼狽。」多年後的今天，再回想當時的一幕幕，于美人仍然非常感嘆：「大家都知道我是一個非常獨立的人，我也一向都很有自信、反應快，認為沒有什麼事情能難得倒自己，不過，正是這些過於有信心的部分『誘惑』了自己，讓我在婚姻上跌跤了。幸運的是，當時余湘對我伸出一雙手。」

「這種相挺，不是只是一封信，更不是只有口頭上的。」于美人娓娓道出回憶中的另一個場景：

當時余湘正好在于美人的公司開會，會議進行到一半，于美人的手機響起，她當下就接了起來，余湘一面聽著，心裡也猜了個八九不離十。她做了一個手勢，要于美人把手機拿開。

「誰打來？」余湘問。

「銀行。」于美人答。

「什麼事？」她再問。

「借二胎（抵押房子）。」于美人答。

「要多少？」余湘開門見山地問。

「五千（萬）。」于美人答。

「把電話掛了，我借你。」余湘要于美人掛掉電話。

當時的這一段對話，多年後的兩人都還記憶猶新。

「離婚是對方提出來的，我本來的想法是，談不攏就不要離，但是新聞幾乎是一天一爆，讓我每天都面對媒體到筋疲力竭，我只想讓整個事件平息下來。」而也就是在最谷底的時候，才能更感受到雪中送炭的可貴：

「當然，到最後我沒有跟余湘周轉這筆錢，也沒有用到這筆錢，但是，她幾乎連一秒都沒有多想就開了那個口，我知道她是真的要借我。」

「借你有什麼問題？」訪談當中，聊到這件事，余湘把頭轉向于美人笑說：「我知道你一定會還的呀！」所謂的「體貼」，就是在別人還沒開口時，你就已經先想到對方的情況，甚至還多想了好幾步，這就是余湘對朋友的貼心。

「這樣的情分，怎麼可能不會一輩子記在心肝裡？」于美人說。

「睡出來」的患難情誼

在經歷婚變風波時，媒體轉述有人曾指著穿短褲上節目的于美人批評：「花枝招展」、「不守婦道」，甚至還說她事業「都是睡來的」。

在我與于美人的其中一次訪談中，她的幾位好友也在場，他們嘻嘻哈哈地拿出手機，秀出于美人當年的的照片：「你看看，美人當年長這樣耶！她要找誰睡？」

舊時照片的于美人，相對雍容的身材與臉型，都和今日的勻稱體態以及一臉好氣色完全不同，唯一沒有改變的大概就是那雙世故的明眸——即便今天的她，眼神裡多了一絲當時或許還沒有完全到位的柔和與寬廣。

「美人，這些照片我們的手機都有耶！」

「你們開心就好啦！」姊妹們和于美人嘻嘻哈哈地笑鬧成一團，一旁的余湘則是靜靜地微笑看著他們。

時空場景再回到吃鱒魚那天的陽明山。

吳哥哥、余湘以及于美人三個人吃完鱒魚，「知道你很累，走！帶你去山上好好睡一覺！」余湘這回和于美人一起坐在後座，吳哥哥開著車載著他們往山上的農莊駛去，副駕駛座上放著的是他們在吃鱒魚的地方跟婆婆買的太陽花，好大一束。

「累死了，哈！」躺在農莊大床上的于美人，抱著軟軟的狗熊抱枕，露出了許久不見的笑容，余湘俏皮地跳上床，鑽進被子，躺在她的旁邊，兩人講起悄悄話，然後一起哈哈大笑起來。

「你們兩個在笑什麼？」吳哥哥笑著走了過來。

「我正式宣布，我終於跟我老闆睡覺了！」于美人說完，三個人一起笑起來。

「來！」吳哥哥拿起手機，「三、二、一！」

快門按下，記錄下了兩個一先、一後「歷劫重生」的女性——他們從各自的低谷爬起後展開的燦爛笑靨，還有他們之間惺惺相惜的情分。

時間回到二〇二〇年大選之後，我的訪談現場。

「你們覺得余湘和于美人的關係更像什麼？」這個問題，我不是問余湘或于美人，而是在一次的訪談中，問他們在場的幾位好友。

「我覺得他們不像閨蜜耶……我跟余湘，或者我跟美人，都更像閨蜜，但我肯定的是，他們兩個的關係是另一種層次。」一位朋友說。

「他們兩個是……」另一位朋友也表示了意見：「俠女對俠女吧，惺惺相惜。」她說完，在場朋友都一起點頭認同。

「姊妹之情可以有很多種，從這次我們參與選舉的初心來說——姊妹之情，也可以是一起做一件事，讓我們的環境變得更好。」于美人說完，轉頭問了余湘一句：

「我還你人情了喔！」

「還到有剩啦！（台語）」余湘爽朗地笑了出來。

「其實，說句心裡話，」于美人把頭轉向我：

「這次當發言人的歷練，讓我收穫很多。我好像又欠了余湘一個更大的人情了！」

女力「覺」起

回顧台灣二〇一八年縣市長選舉，其結果出現了百分之三十二女首長的比率，創下台灣地方公職選舉史之最；而時間來到最近的二〇二〇年，新冠疫情席捲全球，美國財經雜誌《福布斯》（*Forbes*）發表了一篇分析報導指出，包括紐西蘭、德國、台灣、冰島、挪威、丹麥等這些由女性擔任國家領導人的地方，新冠肺炎死亡率都相對低。

雖然女性只佔全球政府首腦的百分之七，但《福布斯》仍然把這些女性元首稱為「領導人的典範」，並且指出，女性向世界展示了如何處理人類大家庭的這一場亂局。

「近年，大家都在說『女力崛起』，但我覺得，那個『崛』字，應該換成醒覺的『覺』，因為這件事，必須每一個人從自己的內心醒悟、覺悟，你才能活出真實的自己，進而對別人、社會、國家，甚至一個時代發揮影響力。」余湘說。

討論到「女力『覺』起」，余湘講了一個非常容易了解的比喻，這也是她常在很多演講中問大家的一個問題，其中也包括對女性朋友的演講：

「說到爬山攻頂，假設有兩個目標：陽明山和聖母峰——你會選哪個？多數女生會選陽明山，不是因為近，而是因為她不認為自己有能力站上聖母峰！」

而談論到「女力『覺』起」這個話題，于美人的心中，一直有一個典範人物，這個人在她年少閱讀的歲月，就已經住進她心裡——中國清朝女科學家王貞儀。

二〇〇〇年，國際天文學聯合會以王貞儀的名字命名了一顆小行星；二〇一六年，她的故事被寫入美國暢銷書《勇往直前：五十位傑出女科學家改變世界的故事》（*Women in Science: 50 Fearless Pioneers Who Changed the World*）裡；二〇一八年，美國又出版了另外一本暢銷書《數字的力量：數學的反叛女性》（*Power in Numbers: the Rebel Women of Mathematics*），更詳細介紹了王貞儀對科學研究的貢獻和影響；而最近，還有西方畫家都把這位中國奇女子的畫像製作成明信片，讓她的故事在老外間瘋狂流傳。

王貞儀從小就在郎中父親的鼓勵下，鑽研數學和天文學。她不到二十歲，就撰寫了關於畢達哥拉斯定理和三角學的解釋性文章〈勾股三角解〉，正確描述了直角三角形三個邊之間的關係；她甚至還比較了中西天文學觀點，驗證並且提出了超越那個時代的認知——她極力推廣「地球是圓的」這個概念，即便父權社會與權貴階層用盡各種方式打壓她。

而最讓西方科學家佩服的，是王貞儀對於日食、月食現象的解釋。她曾用直白的語言，加上配圖，撰寫了一篇〈月食解〉，說明了月食的形成原因，同時也對月亮的陰晴圓缺，以及日食現象連帶進行了探討——這也是世界上第一篇針對日月食成因完整探討的文章。

「我認為王貞儀最讓人敬佩的地方，是她在『女子無才便是德』的年代，找到了自己的想走的路，並且一路堅持到底；」于美人說：

「這裡面有幾種勇氣：探索未知的勇氣、跟主流意見發表不同想法的勇氣，而更重要的是，王貞儀還展現了實踐自己理想的勇氣，在那個年代，這些勇氣讓展現的張力勢必是加倍的，我們在今天聽到這些故事，怎麼可能不被震撼？所以我認為她是一個典範。」

如果王貞儀所處的時空距離現在有點遙遠，那我們就來說說現在的例子。

余湘也經常在演講中，用大眾都熟知的迪士尼公主形象變化為例，為「女力『覺』起」做鮮明的詮釋：

「早期的迪士尼故事，就是圍繞著一群等著被拯救的公主展開。可是，這個刻板印象，漸漸也被迪士尼自己打破了！」

以真人版的阿拉丁為例，有別於舊的動畫版，以及早期故事的公主們都在等待王子的出現，而新電影中茉莉公主的煩惱不再是：「王子何時來救她？」，而是：「為什麼我不能當國王？」

「這是多棒的轉變？不管是灰姑娘或公主，他們不再只能往王妃或皇后之路邁進，他們也可以獨當一面！」

因此，就有電影評論分析指出，因應女性覺醒的潮流，迪士尼更新了十條新的「公主準則」：關心他人；健康生活；分清對錯；誠實；值得信賴；相信自己；忠誠；不以貌取人；盡你所能；永不放棄。

「迪士尼公主們的『覺醒』，相較近幾年的女權潮流，似乎還是慢了一點點，不過，」余湘做了精闢的註解：

「迪士尼公主的『轉變』或『升級』，象徵著包括許多根深蒂固的舊觀念也開始被鬆動，而未來新公主們的心念、意識將越來越多元——『我是誰？』『我要追尋甚麼？』這樣的問題都遠比『我的王子在哪裡？』來得重要多了！」

小心！兩種症候群

最後，就「女力『覺』起」的話題再延伸，余湘還有兩個叮嚀，要分享給心中有理想、夢想的朋友。更確切來說，是有關兩種症候群的討論：

首先是「冒名頂替症候群」（Impostor syndrome），又稱為「騙子症候群」（Fraud Syndrome）。

這是臨床心理學家克蘭斯（Pauline R. Clance）與墨斯（Suzanne A. Imes）在

一九七八年提出的，指的是很多人無法將自己的成功歸因於自己的能力，而認為自己憑藉著的是運氣、時機、機會，或者是別人誤判他們能力強，以為他們很聰明，才導致他們的成功。而擁有這種「冒名頂替症候群」的人總是戰戰兢兢，擔心被他人識破自己其實是「騙子」。

研究還指出，「冒名頂替症候群」在高成就女性當中較為常見。

余湘就舉了自己這麼多年擔任企業老闆的心得：

「我帶過非常多員工，包括很多高層主管算在裡面，我發現相對於男性，有些女性就更容易出現『冒名頂替症候群』的現象——比如比較不好意思、或者不敢要求升官或加薪。」

而即便多年來在媒體界努力拚搏、已被肯定為一姊地位的于美人，也幽默地坦承自己也是「冒名頂替症候群」其中的一員：「這個情況，我覺得也會發生在我身上，我經常覺得自己準備不足，怕被發現自己書『只讀一半』。」說到這裡，于美人順勢又提到一位她非常欣賞的榜樣：

「芬蘭總理桑娜馬林（Sanna Marin）在去年十二月上任，成為全球最年輕的女性總理，新內閣十九名成員中有十二個人是女性。她有一個特點我非常欣賞，當別人在批評她時，她會表示這樣的態度：『我如果做得不令人滿意，那是我個人的問題，跟我是男性或女性無關。』」

而相對於能夠從自己身上看到「冒名頂替症候群」的影子，于美人就非常欣賞余湘的自信：

「我非常佩服余湘的自信，那是一種從內心源頭散發出來的能量，厚實而且強大，這個從她面對各種挑戰時的態度跟毅力就能感受到。我覺得應該跟她過去的人生閱歷有關，她非常紮實地一步一腳印走到今天，每一個過程都很實在。」于美人說。

余湘舉出的第二種症候群，叫做「皇冠症候群」（Tiara Syndrome）。

這是由培訓機構「女性談判」（Negotiating Women, Inc.）的創辦人弗洛林格（Carol Frohlinger）與庫伯（Deborah Kolb）提出，他們指出，有些女性會認為，只要努力把事情做好，別人就會注意到自己，並為自己戴上「皇冠」。

比如早期的迪士尼公主們，大多因為保持善良、純真、勤奮的形象，自然成為大家崇拜且敬重的對象；而表現在當今的職場上，就是在心裡期待上司或同事把自己的努力看在眼裡，期待他們稱讚自己，而且認為自己終究會因為被肯定而得到升遷的機會。

「其實，只有自己可以幫到自己，」余湘叮嚀，要脫離「皇冠症候群」，必須要從自己的內心著手：

「為自己爭取機會、勇於表達意見，這些都還只是表面的部分；你更應該做到的是，不要因為外在環境的壓力，或是其他傳統思維的限制，而不敢把夢做大、把目標放遠。你要清楚，這些設限都是在給自己添堵——所以，掃除這些障礙，你就會有達到更多目標的機會！」

我想，余湘的意思應該是，在現在這個時代，等待別人把「皇冠」戴到自己頭上，是沒意義的；相反地，不只是女性，其實每一個人都應該學著自己動手做「皇冠」、為自己戴上「皇冠」。

第五章

發言人開箱

角色扮演得當。

「分工」，在大選中是一件極為重要的事，因為每一個人都要把自己最擅長的

比如總統參選人著重外交、國防、政策等方面；副總統參選人余湘則把重心放在與民眾的對話上；發言人于美人則負責媒體溝通等對外布達等事務。

這也就是為什麼在競選期間，總統參選人宋楚瑜及發言人于美人大多待在台北，余湘卻必須全台灣跑透透、用盡全力走到不同邊隅的原因——從山上、海邊，到部落裡的不同角落，這些都是長年投入慈善的余湘熟悉的地方。

「那一段時間，我們早起的第一件事，常常都是透過手機對彼此的行程，」于美人回憶，一般都是五點半左右：

「我跟余湘，常常就是從對方讀 Line 的時間，就能猜到對方什麼時候起床、上工，大家比早起，但我可能比副總統參選人幸福一點的原因是，她常常在不同縣市迎接日出，每個地方的太陽都和她變成好朋友了。」于美人笑說。

這麼說起來，于美人擔綱的發言人工作，難道就比較「輕鬆」？因為大部分時間留在台北「待命」就好？

要了解這個問題的答案，我們可以從「開箱」于美人寓所的客廳開始聊起。

至於「開箱」的時間，就選在天色還沒完全亮的五點半左右。

「早安！」

已經梳洗過的于美人親自開門，門外站著的是大選期間每天都在這個時候準時報到的化妝師。這位化妝師，也剛好就是余湘在國立台灣師範大學國際時尚高階管理碩士在職專班（GF-EMBA）的其中一位學生。

「熱咖啡來囉！」不一會兒，于美人在英國念書休假返台的女兒Mina，從廚房為大家端出熱騰騰的咖啡，而于美人已經坐在客廳那座跟人一樣高的化妝鏡前面，正緊鑼密鼓地上妝、做造型。

競選期間，每天早上的梳妝時刻，是于美人一天中唯一能和休假返台的女兒見到面、說上幾句話的時光。

Mina回來的這兩個星期，剛好因為時差的關係，可以陪著于美人一起「讀報」——于美人必須在每天早起做造型的時候，緊抓時間把國內外新聞掃過一遍，在腦子裡面迅速整合這些時事與大選之間的關係，並且根據過去發生過的事情——預測當日記者會上，記者會問什麼、宋楚瑜要講什麼、自己要講什麼、哪些招要如何接、哪些招要如何解，以及其他陣營又會有什麼表態等。

老闆，那個叫做「鋼鐵人」！

時間先回到二〇一九年十二月五日，競選歌曲錄製現場。

「美人啊，上次我唱的歌你實在很不滿意，讓我的公眾形象受到一點影響，其實我歌也沒有唱得這麼難聽，軍歌就要雄壯！」在記者前自我調侃的是大家最熟悉的「宋伯伯」。

「可是你的音準不對啊。」一旁的于美人毫不留情面地笑著說。

而政見發表會後，宋楚瑜和于美人一起上脫口秀節目「博恩夜夜秀」，心情看起來不錯的宋楚瑜說，希望外界叫他「忍者無敵宋神掌」，主持人博恩接著問，宋楚瑜是否真的有看過電影《復仇者聯盟：終局之戰》？宋楚瑜回應，他確實看過這部電影，但也坦言自己還是比較喜歡看歷史連續劇，接著卻一時「口誤」把電影角色「鋼鐵人」稱為「金剛人」。

「老闆，那個叫做『鋼鐵人』。」于美人糾正完，引發全場大笑。

再點開一則點擊量已經超過八十萬的影片，猶如電影預告片般氣勢磅礡的片頭，網紅HowHow用一貫抑揚頓挫對比極大的誇張口吻說道：

「明年寒假，他或許會遲到，但他從不缺席，辣個男人！」接著鏡頭一切，看到他和宋楚瑜同框：「最後我們影片打出三個大字，宋~楚~瑜！」HowHow 接著說：「喔，這邊宋伯伯也不用多做什麼，只要穿一件國旗內褲還有綁頭巾，然後跳舞就可以了。」

宋楚瑜聽完 HowHow 霹靂啪拉說完一長串後，跟著比出HowHow常用的手勢「讚」，說了一句：「喔！好喔！」接著轉身準備脫下褲子，此時突然出現一名「維安人員」現身將 HowHow 拉走，而被架著脖子的 HowHow，在消失在鏡頭之前還一面掙扎地說：「我不知道他真的會脫……」。

于美人回憶，雖然宋楚瑜跟新世代網紅拍影片，展現了非常高的配合度，但是仍然讓人感覺在「狀況外」，比如與 HowHow 合作的這支影片，宋楚瑜竟然在拍完的那一剎那還不知道發生了什麼事，轉頭問于美人：「現在的情況是怎麼樣？」

「老闆，」當下于美人笑說，「我們已經拍完了！」

發言人初登場

這一次，因為余湘牽起的緣分，讓宋楚瑜看到于美人身上的專業與亮點，邀請她來擔任競選期間的發言人角色。

而讓很多人沒想到的是，這位電視節目主持人背景的發言人，精準到位的發揮，竟然毫不遜色於其他陣營的發言人；而于美人擔綱主持人多年累積出來的個人風格，也在競選期間為團隊、親民黨，甚至整場大選增色不少。

很多媒體形容她完美地擔綱了「宋楚瑜翻譯機」，也有跑新聞跑了半輩子、對宋楚瑜等一輩政治人物都熟到不能再熟的資深記者，比喻于美人像是一名經驗老到的舞者，不僅能陪宋楚瑜跟余湘「跳探戈」，還能滑步到舞池中央，博取鎂光燈焦點。

在這裡，有一個很有趣的對比數字分享給大家：

從新媒體的接收形式來說，有一項有趣的研究，認為蔡英文、韓國瑜，以及宋楚瑜三位總統參選人的「說話速度」都是偏慢的，換句話說，從新世代接收訊息習慣的角度來看，三個人最好都還能講得「快一點」。那麼，究竟要「快多少點」？

有這樣一種說法：經過計算，蔡英文跟韓國瑜，都還得要再快轉「一．五倍」，而宋楚瑜，則要快轉「一．七五倍」——這樣的速度調整，才能讓他們的「節奏感」被更多人接受，尤其是網路世代族群。

綜合起來看，于美人面臨的挑戰如她所述：「現在的媒體生態和之前完全不一樣。」不論就宋楚瑜的角度，還是親民黨的角度，都和現在的媒體生態有很大磨合空間，這是第一個難點。

第二個挑戰是資源「分配不均」的問題：「我必須抓緊時間、機會，把宋楚瑜的想法，用適合現在媒體的節奏、語言、形式對外呈現。」就資源層面而言，媒體給宋楚瑜、余湘這一組參選人的時間、版面都十分有限，因此「搏版面」也成了媒體圈出身的于美人必須扛起的責任。

而這些難點能不能克服，很大的關鍵就是「橋梁」是否搭得巧妙——這是一座連結三方的橋梁：第一方是親民黨、宋楚瑜、余湘；第二方是各種類型不同的媒體；第三方則是持有不同背景、思維，甚至立場的選民與群眾。

從多年的主持人歲月生涯，到這次擔任發言人的出色表現，外界看到的，是于美人成功的一面；而此刻，我們也很值得去發現的是，這些表現與她自小刻苦環境磨鍊出的勤奮讀書習慣，以及多年在補教、媒體生涯中訓練出的整合資訊與表達能力都有關係。

而此刻，我們也很值得在大選落幕之後，去拆解與分析于美人在大選舞台上展現的身影與足跡，並且提煉出適合大眾學習的部分，作為青年人不論在職場、社交生活中的參考。

余湘：「分際」是重要的關鍵

在前面，我們特別提到有記者比喻于美人像是一名經驗老到的舞者，陪宋楚瑜跟余湘「跳探戈」，還能滑步到舞池中央，博取鎂光燈焦點。但是，這位「領舞者」在做到這些之前，還是得先穩穩地先把自己的馬步蹲好，腳跟站穩。

首先，個人身分的轉換必須非常到位。

「政治發言人跟公司發言人、企業發言人雖然有類似的概念，但是卻代表不同的意義，尤其在大選期間的發言人角色，更緊緊關聯到選戰期間的每個變化，以及選後所創造的其他價值。」于美人說，她的第一個功課就是「忘掉自己」。

于美人回憶，自己剛接下發言人時，在參選記者會上，她對著鏡頭說：「各位現場所有的媒體朋友，大家好！我是于美人，沒錯，嗯……我接任了親民黨的發言人職位，謝謝大家！」採訪一結束，就看到經紀人傳來嚴肅的叮嚀：

「你是『親民黨發言人』，你不是『于美人』，這兩個月裡面，沒有任何可以說贅詞的模糊空間。」

從那一天開始，她每天出門之前，都一定會看著鏡子在心裡默念：「我不是主持節目的于美人，我是親民黨的發言人；我不是主持人，我是發言人。」

除了完全拋下主持人、名嘴、作家、藝人的個人身分，包括心念、心情，以及思考事情的方式與邏輯，卻還要把相關的「能力」帶到發言人的身分上——這還只是第一步。

而接下來的那一步更重要——完整地理解宋楚瑜以及親民黨，包括宋楚瑜的參選初衷、治國理念，以及這個黨準備在這場大選當中扮演的角色，以及想要傳達的所有價值。

余湘則在訪談中說出，她當時決定邀請于美人擔任發言人時，自己的考量，是這個人必須在短時間內閱讀大量資訊還能消化，也要懂媒體生態，包括與傳統媒體以及新媒體互動。另外，除了理解台灣的政治氛圍，也要具備國際觀，同時具備良好的口才能力，尤其是在鏡頭前必須有身經百戰的經驗：

「我身邊並不缺這樣的朋友，但是與我最熟識的就是美人。果然，她的表現真的如我預期，得到所有人——包括我們自己熟悉的朋友，以及外界人士一致的認可。」

「我很慶幸的是，在宋楚瑜和余湘發表正式的參選聲明之前，能夠多次參與他們的長談，因此，我可以完整、清楚地知道這個團隊的論述邏輯，還有所有理念。」于美人說得輕鬆，但是她所下的功夫並不是一般人能夠想像的，因為在競選期間，她除了睡覺的時間，幾乎是全天候都在「接受、轉譯、傳遞」，而在這當中，不允許一絲絲的失誤。

而余湘則特別強調，正、副兩位參選人與發言人之間的「信賴」是非常關鍵的部分：

「這是一個相互信任的過程，宋楚瑜與我，或親民黨，都要給美人完整的授權，因為就某個層面上來講，她就是能代表我們發言的『分身』，」余湘說：「我想強調的是，發言人這個角色，有一個重要的關鍵詞叫做『分際』，這一點，我確信美人能掌握，這也是她能勝任大選發言人的最大關鍵之一。」

余湘在這個話題上特別強調的「分際」，我認為也很值得青年人作為職場生存，甚至於為人處世的參考，因為每一個人把自己當下的角色扮演得當，才有可能在受到肯定的過程中，被賦予更多機會、迎接更多可能性。

而表現在于美人身上，發言人的職責，甚至遠超過「發言人本身」。

當時曾有媒體報導，親民黨打算「再爭取一次電視辯論」，消息傳出，所有人都一頭霧水，于美人更是在心裡打了一個大雷，因為就她當下所知，從宋楚瑜、佘湘，再到她自己，都沒有人有過這樣的念頭，更沒有說過這樣的話。

原來，是一名記者，在某個場合隨便抓了一個工作人員劈頭就問：「你們有沒有考慮再辦一次？」而那位工作人員並不了解任意回應的嚴重性，隨口就答：「可以喔！」

事發之後，于美人立刻就找到消息來源，向那位工作人員再三確認，是不是有聽到任何包括宋楚瑜在內的人告訴他這個消息？那名工作人員坦承：「沒有，是我個人隨口說的。」于美人確認這個情況之後，跟那名工作人員說：「好，這件事就這樣過去，當作沒有，但是未來不能再有這樣的情況出現，這很嚴重。」

「這件事還有幾個層面可以探討，首先，宋楚瑜或其他能代表宋楚瑜或親民黨的人，有沒有告訴這位工作人員這些內容；其次，就算他有收到這樣的消息，他能不能任意對媒體傳達？這裡面有非常多佘湘強調的『分際』問題。」在這次討論發言人話題專訪的最後，于美人這樣說。

因此，我認為這個「分際」問題，簡單來說，就是我們的每一個念頭，以及想說的話，都不能只依靠本能，而是經過思考、判斷後做出的妥當抉擇——這可能不只是大選發言人的功課，更是所有在職場、家庭，以及各式各樣的人際關係中，每個人都值得努力去琢磨的事情。

拆解神奇的「翻譯機」

媒體形容于美人完美扮演了「宋楚瑜翻譯機」。這個話題，絕對值得所有品牌人、公關人、行銷人，或者千千萬萬想在市場上為自己、為產品或者服務說故事的人一起來思考、討論。

時間回到二〇一九年十一月上旬，參選記者會的前三天。在宋楚瑜辦公室裡，于美人看著桌上厚厚一疊稿子，臉上頓時出現「三條線」，數一數，一共有二十三頁。

「老闆，我們的記者會只有一個小時！」哭笑不得的于美人，還是選擇笑著跟宋楚瑜說。

在接下來的時間，于美人花了整整兩天，把這些稿縮減成一頁半，甚至還請幾位各有擅長的朋友，協助確認相關法規條文，以及數據引用的正確性等。在最後一天，根據于美人精簡過後的一頁半結果，宋楚瑜自己又加了半頁，最後成了一共兩頁的稿子，再傳給于美人做最後的潤稿。

「宋楚瑜的祕書還跟我說，這新加的半頁，主席說不可以再刪了！」于美人笑說：

「我在當晚做了最終的整體潤飾，晚間十點定稿回傳給黨部，並且再三叮嚀，我不刪，但是請主席不要再加內容了，只能照稿演出，一句都不能加！選舉完後和宋楚瑜聚餐時，他笑稱我是『文工會主任』！」于美人一面回想、一面笑著說：

「宋楚瑜原來的稿子，非常鉅細靡遺，但是太冗長了，我除了要精簡縮短，還必須把它轉換成適合當代選民與媒體型態的語言。」話鋒一轉，于美人還是忍不住表示對宋楚瑜的敬仰：

「我不得不說，宋楚瑜在台上講，我在下面對著稿子，發現他真的就是花一晚上時間完完整整背起來，講得一字不差，這顯示了他的用功，以及對我的信任，我當下心裡的感受是，我如果不做好發言人的角色，會愧對他賦予我的信賴與責任，這樣我就不配當他的發言人！」

另外，很多人比喻宋楚瑜是「政壇的老師傅」、「政治的老司機」——但是，許多「特質」卻可能在今日的選舉中形成挑戰，因為老一輩的政治人物並不一定習慣「用相對簡單的語言回答複雜的問題」。

然而，無關乎「對錯」，這卻是當今的公眾人物必須理解的「技能」：「在當代這種『民粹式』的選舉裡面，用這樣的方式，才更有可能讓群眾買單。」

于美人解釋，如宋楚瑜這般屬於早期「文官體制」培養出來的人物，比較會有一絲不苟的特質，中規中矩，甚至會覺得「不這樣做是不負責任的」。而在這樣的情況下，也就相對難掌握這些「選舉語言」。

于美人舉例，如果你問宋楚瑜：「請問現在幾點？」他會從自己手機上顯示的時間，聊到各種鐘錶的構造以及誤差，接著再解釋格林威治時間的重要性，甚至再延伸到各地的時差問題。

說到這裡，我們就不難想像，扮演「翻譯機」角色的發言人，除了要了解新舊媒體的差異，理解不同世代及年齡層的思維及語言使用習慣之外，更還要擁有高度的臨場應變能力以及幽默感。

因此，我們下一個段落，就來聊聊「餵鯊魚」這件事。

沒有三兩三，別輕易「餵鯊魚」！

在前面的段落，我們討論過「分際」這件事，這是余湘在決定力邀于美人擔綱發言人時最關鍵的考量之一。而「分際」之中，還能恰如其分地用智慧展現獨特的幽默，或許更是于美人讓各界佩服的地方。

「你當發言人酬勞多少？」記者問于美人。

「這個工作是無給職，理由很簡單，因為莎士比亞說，一個人能做心安理得的事情，就已經得到最好的報酬了！」于美人引用的，是莎士比亞在喜劇《威尼斯商人》中的描述。

另外一次，記者這樣問她：「親民黨不怕被邊緣化？」

「如果你有買過店面，你就會知道，邊間都是最貴的！」這是她給記者的回覆。

再有一次，記者在逼近選前時問：「選舉剩最後兩週了，你們有多少把握？」

「坦白講，我每一天都沒有把握，但我們把握每一天！」她妙答。

不得不說，于式風格，真的很難複製。

上面所描述的，都是所謂「餵鯊魚」的場景——競選期間每早被記者「拷問」時發生的對話。尤其在台灣的媒體生態裡，記者常在長官的指示下必須問出「有哏」的回應。

「媒體喜歡被採訪的人用簡單的答案來回答複雜的問題，但這是『不可能的事情』，一旦貿然『硬碰硬』，就會進入『誤區』。」

那麼，該怎麼解套？

遇到這些情況，于美人的其中一種技巧是「巧用比喻」——「用『沒有答案的答案』來回答，並且展現幽默。」這麼一來，甚至可以達成雙贏的局面——不會落入對方的「圈套」中，又能夠讓對方得到「有意思」的回應，也就是所謂的「媒體效果」。

而另外一種方式，是用幽默的態度表示「此刻無法回答這個問題」——比如在選舉期間特別敏感的兩岸問題，這是難以在幾十秒的時間內解釋清楚的。于美人的回應可能就是這樣：

「這個問題『很大』，而且只有宋主席能回答，要不要我幫你安排？」這麼一來，還能同時為宋楚瑜爭取到更多的曝光機會。

「這個問題很尖銳，我只能關著燈跟你講。」這是另外一種回應方式，有經驗的記者聽了就會知道，發言人並沒有被授權回應相關問題，因此，再多問也沒用。

還有另一種方式，是「反問」回去——

用不同的面向去詮釋一遍這個題目，再反問記者的看法，在一般的情況下，也都會有一些「火花」或「效果」，並且在雙方互動中，亦能產生出讓記者可以「交差」的「有哏」內容。但是于美人強調：「這個方式使用的頻率不能太高，否則，會讓媒體認為你誠意不夠。」

值得學習的技巧，還有「借題發揮」而「化劣勢為優勢」的綜合能力——包括比喻的功夫、轉移焦點的技巧、幽默感等，尤其還要懂得理解、運用，甚至操作「媒體語言」。比如有關參選人辯論地點的討論，民進黨希望辦在三立電視台，國民黨希望辦在公共電視台，那麼，親民黨應該如何對媒體表態？

「只要辯論的地點在『地球』，宋楚瑜先生都奉陪到底！」于美人這樣回答，還強調：「一定要有一個電視辯論，才是對選民一個認真負責的態度！」這樣的回應方式，有兩個胸有成竹的目標：其一，大方展現了己方團隊的態度、自信、立場；其二，「我這樣說，媒體一定會順勢下標！」

「我們能運用的媒體資源實在太少了，這方面非常吃虧，而電視辯論就是我們能夠露臉的機會，宋楚瑜準備得好得不得了，我們當然要想辦法搏得版面。果然，如我預期，這個標題一出，媒體連續展現效應，那幾天，我們的聲量就出去了！」

一堂用錢也修不到的學分

發言人的工作範疇，在媒體人出身的于美人身上，自然也多了陪伴參選人上各種媒體的環節，甚至有時候還要親自上陣，在自製節目上訪問他們。比如于美人就在競選總部用直播的方式，把親民黨所有立委參選人訪談了一輪。

在這個章節，我們聊了許多于美人如何運用自己的專長與資源，把發言人角色扮演好。那麼，反過來，在這五十八天當中，她從這些與自己頻繁互動的夥伴身上，是否也有其他獨特的觀察、領悟，甚至學習？

于美人說，除了宋楚瑜、余湘，以及郭台銘等這些人在心繫台灣這件事情上展現的高度與格局之外，還有另外一個人也讓她印象尤其深刻——與郭台銘交情特別好的聯電榮譽副董事長宣明智。

當初宣布參選時，宣明智就告訴媒體，自己點頭參選，郭台銘的確是個重要因素，因為郭台銘對他說：

「我都願意為國家奉獻，然後捐錢，把自己人都捐出去，宣明智你做什麼？」衝著郭台銘這句話，他決定把握這次的機會，盡一分心多一點參與。

而好學的于美人，自然不會放過跟宣明智學習的機會——在與于美人訪談到這部分的時候，我看到她拿出了一本筆記本，上面一筆一畫滿滿寫著的都是她與這些參選人互動時，或者陪他們上節目時，她聽到的金句、觀點，或者自己在當下領悟到的想法。

「如果站在宣明智旁邊，任何人都可以感受得到他的真摯、用心，包括媒體訪問。我特別難忘他講過的一段話，他說，為什麼我們這些人要一起『集合』？因為我們大家要斷開藍綠的綑綁，這個是現在台灣需要解決的問題。」宣明智的每一句話，都說到于美人的心坎裡：

「對執政黨來說，一定要提出好的法案才有政績，可是，如果變成政治惡鬥，反對黨就是會去卡你，不然，你政績好，我下次怎麼選？反過來說，如果是有問題的法案，反對黨假裝反對，但是跟你交換利益。這就是惡性循環，而台灣的民主，就是被這樣的政黨輪替騙了！」

于美人還轉述宣明智的觀點指出：「現在台灣的政黨，所謂藍綠，已經變成『搶地盤式的藍綠』。兩黨都在爭資源、搞分配，國家資源沒有真正的整合。因此，我們應該推出『新品種的立法委員』了！不喬事、不管閒事，只專心正事、做好事！」

于美人也藉由宣明智講的話，傳達了自己以多年媒體人的身分，對台灣政治生態的觀察：

「如果能夠有多一點小黨進入國會，宣明智說的這種惡鬥糾纏，就不會太嚴重；如果親民黨能夠有三個立委進入立法院，我們就能夠在黨團協商時發揮超大效益——政黨票的設計，其中一個重要的目的，就是要讓多元的聲音進入國會，彌補單一選區制度下被犧牲的民意——這就是我們不斷強調的，要讓五彩繽紛的小黨進入國會！」

此外，宣明智所提出的「鯰魚說」也給了于美人很多省思：「所以，我們有機會就要提出立法，發揮『鯰魚效應』的精神，推動政府做事！」

于美人說，他從宣明智身上得到很多很棒的觀念，而在與包括宣明智在內的優秀夥伴一起打過這場仗後，她總結起來的感受是：

「必須時時刻刻逼自己變得更好，否則，會擔心追不上對方的腳步——比如像是另外一位發言人張碩文，我也從他身上學到怎麼掃街。」

人生沒有用不到的經歷

「我的好多朋友都有這個疑問，美人，你是不是被宋楚瑜『祕密訓練』了幾個月，然後才對外宣布接下大選發言人的工作？」在某次的聚會，我聽見一位于美人的好友這樣問他，這位友人來自企業界。

「祕密訓練」了幾個月？親近余湘或于美人的朋友，都知道這是不可能的事情。或者，走進于美人的書房，就一切就有了答案——整個書房幾乎就像是一座小型的圖書館，活動式的書櫃可以一層、一層地拉開，我推算這裡的藏書應該至少有千本以上。

而這些移動式的木櫃，藏書的味道，也讓我回憶起在劍橋念書期間看過的幾位教授的研究室，其中一位是英國著名語言學家瓊斯（Mari Jones）博士，一頭黑色短髮及褐色的雙眼總是充滿精神，是我在彼德學院（Peterhouse College）被分配到的生活導師。她曾在剛入學時的導生會談中以語言變化的例子鼓勵我，語言的更替是一連串的變化，每一個歷程都有一定的存在意義，換言之，沒有過去的語言，也就不會有今天的語言——

而這個道理，也讓我想到了于美人常說的一句名言：

「人生沒有用不到的經歷。」

于美人不論在節目，或是演講中，都常常跟觀眾、粉絲或讀者勉勵這個人生體悟，而實際上，這個道理也在她自己身上展現得淋漓盡致——

首先，于美人的聲音中氣十足、飽滿渾厚，而且充滿說服力。

從我自己新聞主播的經驗來看，她是一位非常會使用「胸腔共鳴」發音的聲音專家。這其實是她早年還是補教名師時，就已經磨出來的功力，當時她每天都要連上好幾個小時的課，而之後轉戰媒體生涯，她更是要隨時應付好幾個小時的節目錄影，如果不練就出這樣的本事，怎麼可能應付得來？

其次，從當主持人的她，到當發言人的她，我們也都能發現于美人的聲音還有另一個特色：音頻範圍非常「恆定」，讓人覺得「沉澱」。

這樣的特質，也是當初余湘初識于美人時，特別欣賞她的原因：

「在那個年代，走知性風格又走得好的主持人本來就不多，我認為要成為這樣的主持人，必須學富五車，這點美人非常符合；再來，聲音特色也很關鍵，要讓人覺得『沉澱』，能夠撫慰人心，美人也做到了這一點。」

而這樣的「沉澱」感，其實跟于美人有意地控制自己的音頻範圍非常有關。原來，于美人早期還在補教業擔任老師時，麥克風、喇叭等設備都非常陽春，她必須要非常謹慎地控制自己的發聲方式以及音量，才能讓麥克風出來的聲音不破音，並且清晰完美，這麼一來，就練成讓音頻範圍「恆定」，具備「沉澱」感的本領了。

第三，是整合龐大資訊，並且轉譯及有效傳播的能力。這部分絕對需要長時間的閱讀以及人生歷練累積。

「在當補教老師時，我就養成限時閱讀大量資訊，接著抓出重點，再有效傳達給學生的能力，之後一年、一年、一年主持節目，這樣的功力沒有退步，只有進步；」于美人形容，這就跟肌肉一樣，不去鍛鍊就會萎縮：「我能夠扛得住這次發言人的工作，並不是偶然的，是因為過去在補教業、媒體業所付出過的所有努力，都成為這次發言人工作的基礎功。」

而事實上，不只過去的基礎功發揮作用，在這一段打選戰的期間，于美人每天的閱讀量都相當驚人：「為了要在每次面對記者時能夠盡好發言人的職責，熟悉國內外所有時事只是最基本的。我除了記住每一組候選人、每一個黨派前後的發言，還有每一個事件的關係與脈絡，還要預測這些人在下次會說什麼。」

而這樣的綜合能力，也勢必與恆久累積的閱讀習慣有關。

在一次去于美人寓所訪談聚會的空檔，我在于美人書房的其中一面書櫃前，順手拿起一本《廣韻》，這是中國古代第一部由政府主修的韻書，也是當今全世界所有中文、漢語系學生的必修課「聲韻學」必備，甚至研究比較文學（comparative literature）的各國學人必備。

我自己大學本科念的也是中文系，因此一看到熟悉的《廣韻》就忍不住拿到手上。但我一面在心裡想的是，自己在畢業的那一天，就把這本常被拿來當枕頭的教科書直接送給下一屆學妹，而于美人不但把它保存到現在，竟然還放在離書桌這麼近的位置。翻開一看，穿插在古文字裡行間的是用不同顏色寫的筆記，密密麻麻，讓人一下子不知道從哪裡看起。

「這一本，許復，你有空也看看，我們可以找幾個朋友一起來討論，開讀書會都可以，」于美人遞過一本《政治的承諾》（*The Promise of Politics*）：「為了琢磨宋楚瑜說的『權利的節制』，我翻了好多本書，其中就包括這一本，我不得不說，非常難讀，到現在已經選完了，我都還在反覆看，因為覺得自己還可以讀得更透。」

「第三勢力」競合中的發言人

「即使各界對你肯定，但是沒有人是完美的，在這五十八天中，你覺得最大的挑戰是什麼？」

這是在發言人相關章節的訪談中，我問于美人的最後一個問題。

時間回到二〇一九年十一月二十九日。

這一天，台灣幾乎所有媒體，以及部分華文媒體，在頭條或重要的要聞版面都在報導同一件事——親民黨二〇二〇候選人宋楚瑜、鴻海創辦人郭台銘，以及台灣民眾黨主席及台北市長柯文哲——三人首度同台為無黨籍立委參選人李縉穎造勢。

當天出席的人，除了余湘之外，還有「郭家軍」劉宥彤、蔡沁瑜，以及「宋家軍」李鴻鈞，再加上「柯家軍」的幾位立委參選人，就連曾被郭台銘視為國民黨初選時的副總統參選人搭擋——前國民黨台東縣長黃健庭也默默到場在台下坐著，直到被主持人于美人點名，才起身向民眾打招呼。

而就在這一次三方人馬同台的幾天之前，劉宥彤在臉書上貼出了自己和蔡沁瑜、于美人的合照，並洋洋灑灑寫下：「女力覺醒！我們比男人多了份細膩，卻也可以很有魄力跟執行力！如果我不小心從政，你們會挺我嗎？」這一番話也引發外界各種猜測。

蔡沁瑜當時也對媒體表示，郭台銘陣營一直希望國會能夠在藍綠之外有一條新的路，所以強調「第三勢力」、「第三條路」及「中道主流力量」，呼籲所有選民，即便心中有屬意的總統參選人，但希望能讓小黨在國會突圍：「如果郭粉有自己屬意的政黨，就往自己想要的地方前進，也希望政治傾向泛藍的郭粉，集中力量把政黨票投給親民黨。」

而有趣的另外一幕是，在與宋楚瑜、柯文哲同台後的隔天一早，郭台銘特別召集了自己旗下的蔡沁瑜、劉宥彤，還有親民黨陣營的宋楚瑜、于美人一同直播吃早餐。而在一起吃早餐的幾天之前，身為親民黨發言人的于美人也和民眾黨立委參選人——柯文哲幕僚蔡壁如合體上直播節目，兩人有默契的互動對彼此說：「我愛你」，而節目標題也下得十分有趣：

「親『銘』黨、『銘』眾黨！郭董的影子部隊？郭家正宗是誰？」

「于美人蔡壁如！直播首合體！說妳愛我！籲選民拋棄藍綠！」

時間再來到十二月中，越來越逼近大選投票日。

郭台銘在政論節目上說：「我是真心後悔當初沒有堅持下去，尤其是（面對）支持我的郭粉——二〇二〇，我是『袖手不旁觀』。」還特別強調：

「之前提的〇至六歲國家養和經濟大於政治議題，現在藍綠都提。當時說我是撕裂，那我就退出，但現在看起來似乎不是這樣。我以為我的退出能成就大局，但是每次出去拜票，就會有人問說『為什麼不選了？』從支持者的眼神中看出失落感。」

以上，都是在大選期間的有趣場景。

或許這些事情讓外界覺得霧裡看花，也被媒體形容為充滿各式各樣的較勁或複雜的競合關係，而就是在這樣特殊的時空背景中，發言人的挑戰也必然是前所未有：

「『郭台銘會支持你們嗎？』『民眾黨會不會分走你們的票？』我每天都被記者問這些問題。我必須站在親民黨發言人的立場，希望搶攻政黨票，也希望總統票集中，這是挑戰很大的地方，但是，既然大家有結盟的概念，我也必然要兼顧『友軍』，並且認知到，在選戰當中，任何一方，不管是宋楚瑜、郭台銘或柯文哲，每一個人都有自己的難處，因此，任何一個人，今天一個態度，明天另一個態度，這些都是大家必須彼此理解的部分。」

不管是三方曖昧也好，三方複雜的競合也好，從一個發言人的角度來看，任務就是爭取各路的盟友——最可能的合作與最多的支持：

「我們的參選，都是為了保護一群不願意對藍綠撕裂投降的選民，這個是最核心的部分。而回歸到發言人的工作本質上，我不能講出任何一句不妥的話，因為講錯一個字都有可能讓接下來的合作破局，甚至造成覆水難收的局面，不只影響選情，更可能對長遠的其他可能性帶來變數。」

總的來說，在這樣的特殊的時空背景下，發言人不但要兼顧各方複雜競合關係，還要讓大家在沒有感到不舒服的情況下，並肩打這場戰役，一起走到最後一刻。而在這當中，作為一個稱職的發言人，光是頭腦清晰以及做到審慎發言是不夠的。

更重要是「源頭」——心中必須有非常清晰的核心信念。

打開于美人當時隨身攜帶的個人筆記本，我看到了一段話，這是于美人為了隨時提醒自己而寫的一段筆記：

「我們理解任何人在不同時期有著不同壓力的處境，以及這些壓力底下，他們會做出因應的方法——我們一直了解這些，也對這樣的理解非常坦然。這一切不影響盟友之間的情感，也不改變盟友之間的合作。」

對外發言、對內賦能

在這樣一個複雜的競合時空中擔任發言人，于美人對外做到了余湘強調的「分際」，但我認為同樣難能可貴的是她還做到了對內的「賦能」。

我們先來觀察一下自己的周遭，一定會發現我們身邊的親友，應該都有這些類型——

有些人可能「很聰明」，但是不擅於言語；有些人口若懸河、能言善道，但是不一定「有智慧」；有些人可能「有點智慧」，也隨時隨地可以出口成章，但是或許關在自己的象牙塔裡面，對於自己熟悉領域以外的世界一無所知，換句話說就是對於這個世界的認知比較狹隘。

而能夠同時兼顧這三個面向的人是極少數。

「念超多書的人可能整天掉書袋，口才超好的人說不定讓你無從招架，頭腦好到讓人羨慕的人也許會高深莫測到讓我們覺得高不可攀，可是美人姊，就是這三種特質都具備並且融合得剛剛好的人。她機智，又接地氣，我覺得就是一切都很恰到好處。」這是與于美人一起打過選戰的劉宥彤，對這位親密夥伴做出的總結評語。

劉宥彤坦言，在藍綠對峙的時空背景中，郭、宋、柯三方「結盟」成第三勢力的情況下，有于美人在其中協助大家協調、溝通，很多事情都變得更順暢——以郭台銘辦公室跟親民黨的合作來說，雙方的密切關係是大家都知道的，可是很多人可能想像不到的是，兩邊人馬是在非常短的時間內做迅速、立即的磨合，這絕對不是一件容易的事情，對每一個人、團隊，都有很多挑戰：

「我們看到的是一個充滿智慧、非常靈活的美人姊，她非常從容地在親民黨發言人的角色上，協助大家整合媒體資源，幫助大家溝通、協調，她給了我們相當多的幫助，有她在，不但讓人覺得安心，也讓大家對彼此的合作更有信心。」

除此之外，于美人的幽默感，也在分秒必爭的選戰中成為激勵夥伴的強心劑。

蔡沁瑜就舉了自己與于美人的一段互動為例。她回想，親民黨不分區立委提名的排名最後出來時，自己名列第九，就當時的情勢判斷起來，確實不在大家想像的「安全範圍」之內，于美人當時就很擔心她失去鬥志，有一次，非常慎重地跟她說：

「沁瑜，我跟你說，我有預感，我們真的很有機會！」于美人張著一雙大眼睛跟蔡沁瑜說。

「怎麼說？」蔡沁瑜也非常好奇于美人會怎麼講。

「因為我做了一些事。」于美人「故作神祕」地說。

「你做什麼事？」蔡沁瑜笑著問她。

「我現在不能講，會破功。」于美人說完，蔡沁瑜就笑了出來，心裡想：「美人姊每天都有不一樣的想法，這次不知道又要出什麼招數？」但她更感受到的是，于美人對身邊夥伴的關心與用心，她除了自己發言人的工作，也盡一切努力在照顧身邊的每一個夥伴，包括關心大家的內心狀態，以及團隊的士氣。

到底于美人做了什麼事？

有一次，她們一起到雲林掃街拜票，一列車隊慢慢開在海線道路上，迎著海風，頂著大太陽，兩個人你一言、我一句地拿著大聲公對沿路的鄉親說話，雖然喊到快沒聲音，但是大家的精神都非常好，心情甚至是雀躍的。休息的時候，兩個人一起坐下來喝水，蔡沁瑜對于美人說：

「美人姊，你沒看過像我這樣的，」蔡沁瑜拿了礦泉水喝了一口，看著于美人說：「不分區排名第九，還這麼認真吧？」

「對，還真的沒看過，所以你要相信自己會很有機會！」于美人笑說。

「對了，你那天說你做了一些事，到底是什麼？」蔡沁瑜順勢問。

「好啦，跟你講，我在競選總部放了一個甕，裡面放了水，放在一個地方，擺著不能動，一直到選完都不能動喔！」于美人說完，蔡沁瑜早就笑彎了腰。

而說到掃街，更能看出于美人的魅力，不只展現在鏡頭上，也同樣展現在你我最熟悉的街頭巷尾。

在與我訪談的時候，蔡沁瑜特別強調，她尤其難忘的是于美人掃街時的氣場：「許復，你以前也在播新聞，你知道主播最習慣的還是棚內，雖然大家都是從記者一路跑過來，也不會不習慣陌生拜訪，可是，這次我在掃街的時候，還是可以感覺到，在選前的敏感時刻，拜票的情景是非常不一樣的，其實充滿難度，可是，只要有美人姊在，幾乎就是一路暢通。」

蔡沁瑜說，于美人就是有辦法和大街、小巷的民眾、店家、攤販等立刻打成一片。掃街實際上是一份比想像還要難上很多的任務，因為拜票不只可能打擾到一般民眾的生活，更可能影響到做生意，尤其每個人都有自己的政治立場或價值觀，因此，這件事是有複雜度的：

「但是，美人姊在旁邊，她就是有辦法把氣氛炒熱，讓每一個我們走過的地方都充滿歡樂——這讓我們這些參選人非常安心，因為她用她的活力、熱情，替我們做了前鋒，讓這些街頭巷尾的陌生拜訪變得簡單，我們就可以穩下心來把參選人的角色扮演好！」

蔡沁瑜回憶，于美人與掃街遇到的民眾，還有一段超級幽默的對話成為她們記憶中的經典：

「哇！你（本人看起來）比電視（上看起來）還水！」（台語）熱情的民眾看到于美人本人時，拉著她的手這樣說。

「我跟你講，我其實比冰箱、冷氣機都還水啦！」（台語）于美人瞬間妙答，現場所有人笑成一團。

「我當下就覺得，」回到我與蔡沁瑜的訪談現場，「一個人能夠有辦法在演藝圈這麼成功，大家說她是主持人一姊，真的不是沒有道理，而越跟她互動，你就會越發現，她的機智跟深度，還有用功，都不是一天、兩天造成的。」

蔡沁瑜說，自己從主播的身分，轉身成為國民黨初選期間擔任了郭台銘身邊的發言人後，雖然也聽到其他人給自己鼓勵、或肯定的聲音，但是，「這麼近距離跟美人姊相處、共事後，我很難不發現，自己還有很多地方可以再進步。」

另外一位親名黨不分區立委提名人滕西華，也對于美人在掃街時的激勵本領佩服不已。

「掃街確實是一件辛苦的工作，因為一天可能要從早忙到晚，十幾個小時都有可能，體力是考驗，毅力是考驗，心緒的調整也是考驗，」滕西華說，于美人就是有辦法讓氣氛，還有團隊的心情都維持在很好的狀態：

「她有一次說，掃街這麼累，我們兩個，還有余湘，三個人的髮型都很像，那我們就乾脆輪流站，大家遠遠看，覺得我們是誰都可以，另外兩個就可以坐下來吃東西、睡覺！我們大家都被她逗得開心到不行！」滕西華笑說：

「我覺得美人姊不只像一個善於溝通、充滿魅力的領導者，她也像一個團隊當中的催化劑，你跟她在同一個時空裡，你會不自覺跟她一起熱情起來，接著更順利地達到你們的共同目標。」

一步「好棋」

「怎麼可能！是于美人！她『至少是淺綠』！怎麼可能是她當親民黨發言人！」

蔡沁瑜回憶，二〇一九年十月初，郭台銘辦公室開始跟親民黨談合作，包括不分區的名單，一開始，她也不知道親民黨副總統參選人是余湘、發言人是于美人：「知道是美人姊是發言人的時候，我當下心裡的第一個反應是，她『至少是淺綠』，怎麼會是她！」但是，很快地，她就理解了這樣的安排背後的意義與價值所在：

「當時我跟Amanda（劉宥彤）都在會議現場，我們知道了余湘、于美人的組合後，真的就是拍案叫絕的那種心情，當時心裡面大喊的是，這真的是『一步好棋』，太與眾不同，太漂亮了！」

劉宥彤也回憶，她和蔡沁瑜都這麼樂於接受這個任務，而且用最大努力把這場仗打到最後一刻，也和攜手的夥伴是余湘、于美人非常有關：

「我們老闆郭台銘的意思是，從不分區的角度來說——在『中間力量』上，不一定只有一個黨，可以同時有親民黨和民眾黨，所以我和蔡沁瑜到親民黨（擔任不分區立委參選人），高虹安到民眾黨；而我感受到的更包括，我們大家有共同的『信念』，甚至可以說是『信仰』，這個真的跟媒體說的『郭家軍』、『宋家軍』、『柯家軍』都沒有關係，更重要的事情是——我們這些人，為什麼會在這個時候一起站出來？」

是的，即使知道不一定「選得贏」，還是要一起「站出來」。

「美人姊在這次受到大家肯定，這件事情所有人都知道，她讓大家看到了一個完全不一樣的于美人。我自己的情況，也常常有朋友跟我說，覺得我每次上節目，都會讓人覺得很有效果，不管是覺得我講話好笑，或是『有哏』之類的——我覺得，我們這個團隊，為什麼讓大家覺得『非常不一樣』？其實答案很簡單——」劉宥彤說：

「因為我們真性情，我們就是『素人』，政治不是我們這些人本來的工作，我們出來的目的也不是一定要『選上』或怎麼樣，或許就是因為我們是『素人』的關係，因此，我們都有一些『理想性』。」或許，所謂的「政治人物」，會讓人看到一些窠臼，或者在裡面打轉，或者讓人覺得有跡可循，而他們這一群人，也因此而讓人覺得「非常不一樣」。

「所以那段時間，很多人一直想要看郭台銘、宋楚瑜、柯文哲分化，要從我們中間找矛盾，其實從某個高度來講，這真的是沒有意義的，因為我們這樣的組合，就是『非常不一樣』，這件事沒辦法改變。」

而「非常不一樣」的背後，或許還有另一個層面，可以讓讀者們思考。

于美人曾經在一次聚餐時問宋楚瑜：

「像是孫運璿、李國鼎那一輩的政治人物，還有沒有可能再出來？」或許對年輕一輩來說，這兩個名字是相對陌生的，但是大家如果回頭問問家裡的長輩，或是上網 Google 一下，就可以知道這兩個人在台灣發展史或政治史上讓人看見的風範。

「不可能有了。」宋楚瑜這樣跟于美人說：

「現在的公務員，誰會做超過四年以上的計畫？或者，執行超過四年的計畫。政務官每四年就換一輪了，為什麼要把功勞做給別人？公務人員真正的苦，不只是政令經常朝令夕改，還要忍受這些來來去去的政務官亂搞，所以台灣才會空轉二十年。」

宋楚瑜的這番感觸，也讓我們不禁想到，有不少媒體評論指出，台灣許多「超過四年的建設」都會「蓋很久」。而多年始終把這些心情放在心裡的宋楚瑜，在選前最後一天，還喊到聲嘶力竭，喉嚨沒了聲音。

「選完之後，我們都不知道怎麼安慰他，因為他非常疲憊。」于美人回憶。

「他是『大內高手』，會需要其他人安慰嗎？」我問于美人。

「說到這個『大內高手』選後的情況，我跟你講，」于美人笑說：

「我先講選前好了，他當然讓人看起來都是非常從容的樣子，可是我們在他身邊，看得到他比較緊繃的一面，或者說內心澎湃的一面，或許，不只是這一次，就是你們說的跟奧運一樣的每四年一次，這麼久以來，他就是有那『一口氣』憋著，因此，在這次的『終局之戰』選完之後，」于美人最後笑說：

「他打嗝打了一個月！我心裡想，『大內高手』的這口氣憋得有多深！」

而聊到最後，于美人也回想到有人酸宋楚瑜「選了二十年都沒選上」的場景：

「宋楚瑜被酸『選了二十年都沒選上』，但是，換一個角度來說，不論是透過『政黨推薦』或『連署』，他可是二十年連續都『握有門票』可以參選總統的人！」

于美人解釋，從這樣的角度來看，就是這二十年，總是有一定數量群眾的人支持宋楚瑜、不放棄挺宋楚瑜（他才能握有競選總統的「門票」），因此，怎麼可以假裝聽不見這些人的聲音？

「走過五十八天，是否有所遺憾？」我最後問于美人。

「我一直認為，台灣從過去的威權政治，走到今天的民主政治，宋楚瑜在中華民國近代民主轉換過程中留下最美的側影。因此，這一次沒能好好地為他『辯護』，我深以為憾！」于美人說。

于美人心法：多問一句「為什麼？」

一個本來紅遍南陽街的補教國文老師，順著生命軌跡的發展，從廣播進入電視，一年又一年，最終成為媒體圈、演藝圈中的主持人一姊。

于美人在外界的一片不理解中，毅然決然跟隨余湘的腳步，擔任親民黨總統大選發言人，在台灣政治生態中的藍綠風景之外，在親民黨、郭台銘辦公室、民眾黨三方複雜競合關係中攜手的「第三勢力」中做到溝通、協調、賦能，受到各界肯定。

余湘回憶，在初識于美人時，她欣賞的就是這位主持人獨特的知性風格與才學，但如今回頭再看，她更肯定的是于美人不斷精進的心志：

「美人過去累積而來的實力，成就了這一次擔綱發言人職務的她；我相信美人這一段擔任發言人的經驗，也在為之後的自己做準備。」余湘說。

而于美人自己也在這一段經歷當中學到了新的課題，其中也包括：

「這一次擔任發言人的訓練，也讓我深深領會，凡事只用『本能』來反應，是無法進步的，因此我也很想分享給大家的是，面對任何一件事情，不要立刻下判斷，『怎麼可以這樣？』而是要多問一句：『為什麼會這樣？發生了什麼狀況？』」于美人說：

「你問得越多，你自己就能得到更多進步的可能性，」于美人說，這樣的心得體會，也來自於宋楚瑜帶給她的一個啟發：

「人民越有思辨能力，越不容易成為極權國家。」

第十六章

大師等級的服儀穿搭術

「未來的五十八天，一切就麻煩你了！」

于美人決定接受余湘邀請、擔任發言人後，回到辦公室的第一件事就是到隔壁的法律事務所「討口茶喝」：

「一切拜託！」于美人這樣和自己的律師朋友半開玩笑地說，因為擔心自己「講錯話被告」。

除了那位辦公室就在隔壁、她第一時間認真請教的律師好友之外，于美人最早知會的，還有自己的化妝師——也就是余湘在EMBA兼任教授親自指導的那位學生。在未來的五十八天，她每天都要在清晨天沒亮就到于美人家為她妝點一切，讓于美人能夠以最符合選戰規格的造型「應戰」。

而除了這位化妝師之外，余湘更找來了一位曾經協助過全球許多知名人士的知名造型設計顧問，替他們規劃未來五十八天的整體形象，包括穿著的部分。

「我們非常慎重地邀請她加入來協助，因為我們知道未來的挑戰非常多，而這部分一定也是不能忽略的環節之一。」于美人在與我訪談的時候，特別強調她們在衣著禮儀的考量下了非常大的功夫：

「當時那位國際級別的造型設計顧問，特別問了我一個問題：『你們在這一段時間是否會參加特殊場合，包括婚禮或告別式？』因為她要深刻地去思考所有的場景，然後擬定我們整體的造型策略。」

這位造型顧問的問題，也讓我想到許多歐美政治、甚至非政治領袖的隨身行李中，都有一套正式、全黑可參加喪禮規格的服裝，因為人生難料，這麼做的目的，是為了讓自己隨時表現出正確、合適的禮儀形象，而展現這樣典範最廣為人知的，就是美國前總統歐巴馬（Barack Obama）夫婦了，他們每次出行都會多帶一套正式服裝。

關鍵任務：讓宋楚瑜、余湘、于美人同框畫面「協調」

這件事情的重要性，可能超乎很多人的想像，因為這位造型顧問，不僅要讓余湘、于美人在公眾視野中看起來到位——包括美感、莊重，以及符合個人風格上的到位——還有兩個層次必須納入最重要的考量：

第一，余湘是親民黨副總統參選人，于美人是親民黨發言人，他們兩位的穿著搭配，勢必要參考代表親民黨的橘色系為基準，再搭配其他變化。

第二，兩位女士的服裝搭配與總統參選人——宋楚瑜的搭配，更是馬虎不得的功課。因為他們三位會有非常多機會必須在媒體與公開場合上同框出現，只要有一點點的不協調，就大選的形象來說，都是必須避免的。

而第二個任務，顯然相對難上許多。尤其，選戰當前不可能把宋楚瑜、余湘、于美人三個人找到同一個地方搭配衣服；更不可能讓余湘、于美人每天早上出門前都能確認宋楚瑜當天要穿什麼——因此，要解決的問題就非常明確了——必須要讓余湘、于美人，不論怎麼穿，都能夠與宋楚瑜搭配得起來。

有了目標之後，設計師就展開兩大步的工作：

第一步：從了解宋楚瑜的服裝著手。

「我們按照這位設計師的要求，請宋主席身邊的幕僚拍了他的西裝與領帶傳過來，這麼做的目的是要讓余湘和我去搭配宋主席，因為從我們兩個人身上著手，來完成三個人的整體完整搭配，是當下最有效率的方式。但我們收到來自宋楚瑜的照片後發現了一件事，」于美人笑說：

「『四套西裝、八條領帶』，就是宋楚瑜在這段時間會穿的所有正式服裝及配件！」宋楚瑜簡樸的穿衣風格，讓造型顧問在規劃余湘、于美人的造型工作上有了方向。但是，這並不代表這是一件輕鬆的工作。

第二步：余湘與于美人各自的搭配工作。

這一切，都只能發生在了解宋楚瑜的穿著搭配之後。

余湘的部分：

以余湘過去在企業家角色上的衣著習慣來說，她有相當多條長褲，造型顧問很快就從中找到適合的幾條。但是在西裝外套、裙子——也就是正裝的部分，只找到兩套看起來「勉強湊合得上」的。因此，造型顧問就立刻陪她到「阿波羅西服號」訂做競選期間穿的正裝。

這是一間在台灣歷史上受到不少公眾人物肯定的專業西服店，傳承的是精細的上海手藝，老闆應寶友，是多位知名企業家的「指定御用」裁縫師，其中就包括長榮集團總裁張榮發，不僅自己愛穿應師傅製作的正裝，他更要求包括機師、船長等各階層幹部的正裝，都要經過應師傅的高級規格打版。

而以一間走過四十年的老招牌、老字號來說，在政治人物方面，包括蔣家的領導人、前總統府資政李煥和許信良、前立法院副院長鍾榮吉、前總統馬英九，還有這次邀請余湘擔任副手參選人的親民黨主席宋楚瑜等人，都是這裡的顧客。

為了寫這一個章節，我也特地拜訪了雖然年邁，卻仍然神采奕奕、隨時處於工作狀態的應老師傅。

「當時余湘和那位造型顧問低調地走進來，我感受得到他們非常慎重地在挑布料，很快地，他們第一塊選中的就是一塊亮橘色的羊毛布料，」應寶友說：「我當下也認出，是余湘來了。」

「他們對於這件事的重視，是我身為一個專業的正裝裁縫師非常感動的，因為現在的許多公眾人物，尤其是政治人物，並不認為這是一件重要的事情，而實際上，這是非常基本的『國際禮儀』，而總統大選，當然少不了這樣的規格。」

而在這一次，余湘需要的是副總統參選人的正裝，因此，他們最後選的是幾款相對被更多男性使用的布料來裁製——素色、沒有花樣，而且是比較硬挺的材質，這麼做的用意是讓女性穿起來也會更英挺。最終，應師傅在一個星期內日夜趕工，幫余湘趕工了五套正裝出來，

于美人的部分：

相對於副總統參選人的形象，發言人可以在莊重的風格中增添一些更活潑的元素，因此造型顧問建議于美人，除了能夠與宋楚瑜、余湘協調搭配的正裝之外，還可以從絲巾上展現巧思。

「我把過去珍藏的所有橘色系絲巾都挑了出來，再加上親友借過來的，一條、一條跟造型顧問討論，最後篩選出來的那幾條，就是我在這一段時間讓大家看到的絲巾。」于美人說。

經過造型顧問的巧手「設計」與「改造」，最終的結果就是——

余湘和于美人不論怎麼穿搭，都能夠在鏡頭前和宋楚瑜搭配得起來，不只是記者會、各種公開場合，就連元旦升旗典禮，甚至耶誕節的場合，都是怎麼搭、怎麼合。

「我們所有的穿搭，都能夠和宋主席的『四套西裝、八條領帶』搭得起來！如果這不是造型顧問的專業，那會是什麼？」

三人之間的默契

造型顧問讓余湘、于美人的所有穿搭，不論如何變化，都能夠和宋主席的「四套西裝、八條領帶」搭得起來，因此，在這當中就有各種排列組合。

「雖然我們不會在一大早天沒亮就打給宋主席，問他：『主席今天要穿什麼』？但是，我們可以用心去揣摩他的心意。」

于美人舉例，二〇二〇元旦一大早在總統府前的升旗典禮，她們想到了兩點：第一，宋楚瑜沒有橘色的西裝，而他的核心也包括「藍色的心思」，因此，他會穿那套藍灰色西裝。第二，橘色的元素，會表現在領帶上。

因此，余湘當天一早就穿上橘色的運動夾克，外面再套上一件藍色的連身大衣，以及白色長褲——果然，這兩位「藍中有橘」的總統、副總統參選人，再加上站在宋楚瑜另一側、一身深藍色西裝、戴上橘色領帶的鴻海集團創辦人郭台銘，以及站在三個人兩側、身上穿搭都有橘色基調的其他幕僚、夥伴們，畫面就非常和諧。

而在其中，要特別強調的是，宋楚瑜並不是完全被動地讓其他人配合他——反而，他的用心，也展現了自己與余湘、于美人之間的一種「三人之間的默契」。

于美人就有一個難忘的經驗。

那一天，是一場重要的記者會，于美人當天出門的造型是青藍色襯衫，搭配橘色的絲巾。到競選總部時，于美人印象特別深刻，身穿一套駝色西裝的宋楚瑜，一面忙著與幕僚溝通工作事項，一面也跟于美人打了招呼。

于美人一刻沒閒著，立刻開始和早到的記者開始溝通採訪內容，她眼角餘光看到宋楚瑜和幕僚說完話，轉頭就進了辦公室。不到兩分鐘，宋楚瑜打開門走了出來，這時候的他，已經把原來穿在身上的那件看起來相對嚴肅的駝色西裝脫掉，換上了一身更顯朝氣的灰藍色西裝，接著他把橘色領帶一秒繫上——竟然就和身穿青藍色襯衫，繫上橘色的絲巾的于美人搭配起來了！

「類似的情況不是只有一次，在早上例行的『餵鯊魚』時間，宋主席真的非常厲害，一看到美人穿什麼，他立刻進去換一套，一走出來，馬上搭上！」于美人一位常在競選總部協助的友人這樣補充。

而余湘，更從這些觀察中，提出了另外一個我們可以思考的高度：

「這件事情不是只有視覺上的美感，更還有禮儀層面的高度，宋楚瑜對細節的觀察及掌握，遠遠超過一般人想像的範疇，這些和他完整的『文官背景』有關。」

宋楚瑜是國立政治大學校友，當時念的就是第一志願外交系，接著一路從加州大學柏克萊分校（University of California, Berkeley）國際關係碩士，念到華盛頓喬治城大學（Georgetown University）政治系博士。尤其嫻熟外交事務的他，一回國後就受到重用，擔任當時行政院院長蔣經國的英文祕書，一路再從行政院新聞局局長、中國國民黨祕書長、台灣省政府主席、中華民國台灣省長，甚至在近年還擔任現在總統蔡英文的APEC中華台北領袖代表以及總統府資政——走過這些「文官」足跡的宋楚瑜，怎麼可能不會把身邊夥伴、同仁們的衣著禮儀看在眼裡？

「阿波羅西服號」老闆應師傅也透露，年輕時候的宋楚瑜就在穿衣上展現了與他人不同的品味：

「該正式的時候他從來不會馬虎，那是一種『文官』出身的風骨，而現在這個時代，比較少見到政治人物重視這部分的禮儀了……對了，我還可以透露給你，宋楚瑜在年輕的時候，就很有時尚的概念；」應師傅笑說：

「平常工作的時候，宋楚瑜穿的是非常嚴肅的整套正裝，但是，只要到週末，他就會透過英式風格的穿著來展現自己輕鬆的一面，而在這其中，他永遠掌握一個原則——上身跟下身必須是深色與淺色的搭配，比如上半身可以是深藍色、深灰色，或是各種顏色的格子襯衫；相對的，下半身就可以是淺灰、淺藍或是白色的長褲。這樣的概念，在那個年代，不是一般人會有的呀！」應師傅笑著解釋。

時間再回到二〇二〇年選戰期間。

「美人，你好像有很多衣服喔！」有一次宋楚瑜這樣和于美人開玩笑。其實他心裡也知道，于美人的穿著，都是經過造型顧問的建議後，精挑細選出來的搭配——而且是與他那「四套西裝、八條領帶」的搭配。

而選後，在一次的相聚中，宋楚瑜對于美人說出了心裡話：

「發言人，謝謝你在這段時間穿得這麼得體！」

從公共事務到職場的服儀省思

「那段時間，余湘跟我兩個人，在和那位造型顧問溝通的過程中，也常常一面互通有無，幫對方看穿搭；另一方面，我們也常常討論到當今的職場禮儀，並且發現這部分著實有非常大的進步空間。」于美人說，她們首先就是從自己身上省思。

「過去因為配合不同電視節目的需求，我的服裝造型會比較多變，而在身分轉換成發言人之後，我就被非常慎重地告誡——所有的裙裝都要過膝蓋。」這則是于美人難忘的一幕。

而余湘的體悟，則是來自身分轉換的「分際」拿捏：「我是企業家、創業者的背景，我過去的穿著，走的是比較符合自己個性的隨性風格，但是身分轉換成副總統參選人之後，我就知道，哪怕是商務人士的穿著，都和政治領域的正裝是不同的概念。」這是余湘當時的體悟。

于美人說，在經歷過競選期間的「服儀訓練」後，他們也發現許多人缺乏這方面的禮儀知識。不論在東方社會或西方社會，不只婚喪喜慶都有特定規範，甚至連拜訪比如岳父母這樣的重要長輩也都有得宜標準：

「許復，你住過倫敦、香港，你一定感受得很深刻，大部分的情況下，在相對國際化的城市，沒有人會隨便穿一穿就出門了；」于美人的女兒 Mina 正在倫敦求學，因此，英倫文化也是我們互動時經常聊到的話題之一：

「我在倫敦曾經看過一份報紙，記得當時看到一則社會新聞，還是個竊案的報導，但是，整篇新聞卻將近有半個篇幅是在形容這個罪犯的穿搭，包括材質用料、服裝配色、款式等。」

于美人描述的是一則竊案新聞，而記者這樣寫，並不是錯把社會新聞寫歪變成時尚新聞，而是透過這樣的描述，可以加以推斷這個人的背景出身、社會階層，以及他的種種特質與犯下該起竊案之間的關聯。于美人說的完全是事實，在倫敦，甚至不只穿搭風格，就連口音、用詞習慣、舉止等，也可能輕易就透露出一個人住在哪個區，從事什麼職業，甚至其他相關背景資訊。

倫敦的這則新聞報導例子固然有很多議題可以探討，但是，于美人想要強調的是，服裝儀容的學問並不是一件簡單的事，而且可以被應用在各種不同領域，當然也包括公共事務人士以及職場的禮儀標準上：

「但我很想提醒的是，就以我們身邊的不少台灣民眾為例，很多人不在意這件事，有的人隨意穿，穿件T恤跑去參加像是喪禮這樣的莊重場合，甚至還帶著大濃妝。這些都是我們可以進步的空間。」

而那位負責幫余湘訂製競選套裝的應師傅，在這個部分也有嚴謹的叮嚀：

「我們的自在，並不等於懶散、隨便。『只要我喜歡，有什麼不可以？』這樣的思維是不對的。如果你的自在，造成別人的不自在，那麼，從禮儀的角度來說，你有很大的調整空間。」

應師傅還強調，人與人之間的初見面，尤其在正式場合，會立刻用穿著來判斷對方的身分、品味，並且以此當作評估對方能展現、帶來何種價值的元素之一：

「職場上的正裝學問，比一般人想像的都還深得多，有一些很簡單的道理，卻被很多人忽視了。以女性的正裝來說，要穿過膝的正裝窄裙，需要和許多高層開會的女性主管，可以是一件素色高雅的正裝一套打到底，而祕書就要相對低調，如果主管穿深色外套，祕書的顏色就可以是淺色，或是以背心來搭配；而男性部分，如果你穿上所謂的『Bank Suit』（銀行式正裝），在一定規格的場合中，立刻會得到第一時間的敬重。」所謂的「銀行式正裝」，包括直條紋樣式在內的一種正裝、西裝形式，展現的是這個人身上具備一定「精度」的專業。

而另一個更回歸到更大眾層面的精神，還是「尊重」的部分：

「如果王永慶穿著運動衫去參加員工的婚禮，那個員工應該心裡會覺得不錯，對吧？但如果王永慶穿得體體面面地出席這位員工的婚禮，這個員工心理的感受會是如何？」

這個問題，就留給讀者們思考了。

話題再回到余湘和于美人身上，從余湘宣布參選後，他們就不斷被各界朋友問：

「你們的服儀策略，究竟是怎麼擬定出來的？」

「參與的專家有哪些人？」

「職場人士非常需要強化這樣的知識與技能，你們能不能開課？」

這些聲音，都非常激勵余湘、于美人想從公共事務或職場禮儀的角度出發，能夠為社會上各領域、不論背景異同的有心人盡一份心力。

穿出「國際觀」的高度

在這個章節，也很適合從正裝的角度切入來延伸討論國際禮儀的話題。首先，我們可以先來了解一下正裝、西裝的歷史。

當今男士服裝中，正裝、西裝展現的概念，從歷史上接續的是早期軍裝的精神。

早在十七世紀，法式的「Justaucorps」男式齊膝緊身外衣服，就被認為是正裝最初的雛形。尤其是太陽王路易十四（Louis XIV）曾把寬鬆的軍裝外套「Casaque」改良成合身的版型，展現了早期的西裝精神，而當時法國宮廷內的人如何穿衣服，又會出現在世界各國的媒體上，因此，法式正裝的概念，包括經典的「三件式穿法」（加上「Veset」背心及「Culotte」半截褲），也在這個時候開始漸漸傳入各國間。

而真正開始把現代西服發揚光大的，是十八世紀、正值輝煌維多利亞時期的英國人。他們穿上了從「Justaucorps」演變成的燕尾服，又進一步開發了去掉燕尾但是較為寬鬆的「Lounge Jacket」——前者過於拘謹、後者過於休閒，因此，最後介於兩者中間的「Bussiness Suit」就出現了，這就是現代正裝、西裝的第一代祖先。

而在亞洲，是日本人率先把正式西裝引進，並且研究出適合東方人的版型，接著傳到中國上海，開啟了近代中國人穿上西式正裝的時代。之後，隨著國民政府撤退至台灣，包括傳承在應師傅身上的一代技藝，也繼續在台灣得到寶貴的延續。

而如今，對於正裝的重視，也意味著對「國際禮儀」的展現。

「而對『國際禮儀』的重視，也就是『國際觀』的展現，」應師傅在接受我訪談的時候解釋了他的觀點：

「我們經常說要跟國際接軌，而如果去理解並且重視這一塊（服裝禮儀），就是跟國際接軌的一個重要面向。」

一九六三年，有一個人穿著一身筆挺的黑色西裝，搭配黑色領帶、白色襯衫，還有經過小心摺疊插入胸口衣袋的口袋巾（Pocket Square），他在華盛頓大遊行中，於林肯紀念堂前發表了一場震驚全世界的演講《我有一個夢想》（I Have a Dream），這場演講促使美國國會在隔年通過《一九六四年民權法案》宣布所有種族隔離和歧視政策是非法政策，讓美國的民主史向前邁入一大步——他就是一九六四年獲得諾貝爾和平獎的非裔美國人民權運動領袖小馬丁路德金（Martin

Luther King, Jr.）。

同樣發生在一九六三年，當時的美國總統甘迺迪（John F. Kennedy）乘坐空軍一號抵達德州達拉斯（Dallas）參與競選活動，一身西裝筆挺的他，身邊也有一位穿著同樣規格西裝的非裔貼身隨扈托馬斯（George E. Thomas）。豈料就在數小時後，托馬斯已經滿臉淚水，替靜靜躺著的甘迺迪整理一身筆挺的西裝，並且調整他胸前口袋巾的位置到甘迺迪習慣的高度。

而前英國首相邱吉爾，更在不同影視作品中為世界留下他那雖然大腹便便、卻讓人覺得優雅又有格調的身影——不論是在國會殿堂、大街、廣場，甚至國難當頭，站在敵人的船艦炮火當前，他也總是不脫全身的正統型男完整標配——細條紋或格紋的「三件套」。也由於曾經是海軍的一員，他特別喜歡帶白點的海軍藍，而今日的時尚界，就有很多人把近代的「領結復興」現象歸功於那位人們記憶中的老首相。

難道，我們都要穿得像邱吉爾、甘迺迪、小羅斯福、歐巴馬，或小馬丁路德金？當然不是。我們能夠領略、並且理解、欣賞他們的風采就已足夠；而應師傅想強調的，則是正裝的精神：

「從以前到現在，政治領袖、企業家穿著得體正式，並不是為了耍帥，而是『尊重』——他們尊重他們扮演的角色、尊重所處的場合、尊重他們身邊看到他們的其他人，包括在電視上看他們演講的所有人。」應師傅也指出：

「我能夠理解當代的一些政治人物，這個在東方、西方都有，或許是為了展現更親民的一面，或是為了選票，會在民眾面前故意把襯衫放出來之類的，或是用其他的方式展現自己的隨性，或是自己更放蕩不羈的一面，但是，這是值得商榷的。」

這是應師傅的觀點，老實說，我也不一定完全認同，畢竟從遙遠的歷史到今天，在政治的這條路上，沒有任何一個階段可以被賦予絕對的美好、失敗，或者對與錯。但是，如果從「國際禮儀」的角度切入，應師傅的叮嚀，就非常值得深思了：

「你可以在親民上做展現，但是，你不能讓下一代認為這是正確的，如果我們的年輕人認為這是對的，跟著你學，有一天他們代表台灣，以這樣的姿態或態度走到世界舞台上，是會被別人笑話的。」

應師傅的擔憂，自然有他的邏輯與道理，我在與他討論的同時，也願意比較樂觀地相信，不論在什麼地方的年輕人，在邁向世界舞台的過程中，只要他們具備相對的自覺，也會在自我追求與提升的過程中，補足那一份應師傅所強調的「國際觀」。

應師傅也進一步解釋：「如果你穿著正式的心態，是為了炫耀，那麼，你還差那個精神非常遠；如果有一天你真正理解那種『尊重』是怎麼一回事，你就能真正理解所謂『國際觀』是什麼了。」應師傅強調：

「不是要你穿貴的正裝、西裝喔！其實就是一般民眾消費得起的範圍，依然可以穿出你對自己以及對其他人的『尊重』。」

說到這裡，「小禮物時間」來了——

最後，還有一個叮嚀，是我與應師傅深談後的心得，可以當作這個章節送給讀者們的「小禮物」：

如果有一天，你開始穿訂製的正裝、西裝，你也找到一位很厲害的師傅——記得，千萬不要照著「自己的感受」命令他，要他照著你單方面認知的直覺——不論是顏色、款式等，來製作你的正裝。師傅也許會默默地完成你交代的任務，但可能同時在心裡祝福你的未來無限美好（應師父表示，不少新一代的公眾人物在這方面都有待更加改善）。

但相對的，如果你非常敞開地告訴他你的年齡、職業，以及訂製西裝的用途，包括你將身處的時空場合等，並且願意聆聽他的建議，那麼，你所得到的「禮物」會相當不同。

老師傅們都很有自己的個性，他們在此中都會有一種執著，他們希望你穿得正確、也穿得出你的風格，當然，他們也絕對有能力可以幫助你達到這些境界。

這裡面的學問大著呢！記得，不要「命令」，而是「討論」喔！

知行合一、獨一無二

「真正聰明又幸福的人，就是能夠借重別人的智慧和經驗，不讓自己受到蒙蔽的人。」余湘在談到成立「知行者學院」初衷時，常常會用這一段蘇格拉底（Socrates）的名言，來傳達她想傳承知識的精神。

「好不容易『交了棒』，我又再度接了『下一棒』！」余湘輕鬆地這樣說，心裡也知道，接下來從教育的角度讓更多人分享專業、探索知識與經驗的這一棒，顯然並不會比較輕鬆。

余湘說，「知行者」表達的意境就是英文的「Deed Doer」：

「當你越來越接近知行合一的時候，你就越來越知道怎麼樣挑戰自己，進而超越自己，而每一個人，經過這些過程，都有可能被打磨成耀眼的寶石，而且是獨一無二的。」

而「獨一無二」這四個字，也必然與「風格」有關。

于美人還記得，她曾經開玩笑地問那位設計顧問，自己想學「老佛爺」卡爾拉格斐（Karl Lagerfeld）的穿著風格行不行？那位造型顧問竟然認真地回應她：「你的這個問題太好了！老佛爺的這一生就是『一種風格』，但是他卻在其中自在變化！」造型顧問更近一步詮釋了她的觀點：

「一個人的一生，如果能夠找到一種穿衣風格並且還能夠維持它，就非常厲害了；如果能找到兩種風格，那這個人一定非常特別；很少人類可以找到三種適合的風格。」

這樣的思考脈絡，其實就與這位造型顧問為余湘、于美人搭配宋楚瑜穿衣風格而定的造型策略相一致——在達到搭配宋楚瑜穿衣風格的基礎之上，同樣穿出屬於他們各自的風采。

而這樣的態度，也是余湘想分享並推廣帶到職場禮儀中的精神：

「我還想強調的，依然是『分際』這件事，每一個角色都有自己適合、也美好的樣子，」余湘說：

「在方寸之間，可以千變萬化；有的時候你即使飛越出方寸之外，也仍然可以學會兼顧本心。」

「很多現代人覺得做自己很重要，但是，這不代表你可以無限制地隨便，舒服跟輕鬆不能被過度商業化的操弄。」這是于美人從另外一個角度的補充。

「你想輕鬆自在，你也可以輕鬆自在地得體、輕鬆自在地好看呀！」余湘最後笑著說。

期待一套屬於台灣的「國服」

在訪談中，聊到服裝儀容這個主題時，余湘和于美人還聊到了他們放在心裡的一個心願：期待有心的朋友們能夠設計一套屬於中華民國台灣的「國服」。

說到「國服」，攤開世界地圖，我們眼前立刻會展開一幅五彩繽紛的畫卷：印度女孩披著金絲銀線交錯的「紗麗」翩翩起舞；蘇格蘭男孩穿著格子裙在高地上吹著風笛；穿著維多利亞式被一層層蕾絲、緞帶、蝴蝶結襯出高雅氣質的英格蘭少婦喝著下午茶；搭配短上衣、背心或馬甲的韓服歐巴正用憂鬱帥氣的眼神凝望遠方；馬來西亞人透過「巴迪服」展現超過兩千年的蠟染藝術；日本則透過漢服演變而來的和服展現他們民族美學。

而從世界的種族多元文化角度來看，中華民族的傳統服飾更是繁複非常，讓人目不暇給，其悠遠的影響力也渲染了更多民族，而開出了不同顏色的花朵。比如和服、韓服雖然是由漢服演變而來，卻展現了各自獨特的民族精神與品味；而越南女孩一穿上被稱作「奧黛」的越式旗袍，其優雅俏麗卻一點都不輸給中國女孩。

那麼，發揚中華民族傳統，又在世界上展現民主奇蹟，並且以包容多元文化為核心的中華民國台灣，有沒有一套能代表現在的、屬於我們的「國服」？

這是余湘、于美人在馬不停蹄的選戰中，靜靜放在心裡卻深深思考的事情。

「這一套『國服』，在自己家裡，我們可以在升旗典禮的時候，不分黨派，大家一起穿起來；而一踏出國門，我們就穿上它，和全世界交朋友！」于美人生動地描述了這套國服所承載的精神：

「就像法國人，只要一遇到困難，大家就會不分你我，一起唱《馬賽進行曲》，那我們台灣，是不是也可以有更多幫助大家真正理解彼此、接受彼此，並且支持彼此的力量，比如一套『國服』？」于美人說到這裡，意思就非常明白了——

這一套「國服」，代表的其實就是余湘和她在競選期間所體悟出的團結精神，而這個精神，其實也呼應了余湘在政見發表致詞時說的：

「我們不是敵人，而是同胞，我們生活在同樣的一塊土地上，呼吸著相同的空氣。激情，曾經讓我們的關係緊繃，但是，我們絕對不容許任何的事情，撕裂我們；也不容許任何的事情破壞我們對這塊土地的熱愛！」

走筆至此，我不禁也開始想像，這套或許在不久的將來就會出現的中華民國台灣「國服」會長什麼樣子？是否會展現「讓五彩繽紛、七彩奪目的小黨進入國會」的精神？或者更可能讓人看到的是另一種超越不同顏色的層次？

穿什麼，或許不一定是最重要的事，而更關鍵的，是每一個台灣人是否都能夠用心、真心地「穿上」理解彼此、接受彼此，並且支持彼此的信念？

第七章

隨扈情緣

躺在病床上的婦人，臉上與身上隨處可見瘀血痕跡，頭頂上纏繞著一圈圈的紗布與繃帶。

在受到劇烈撞擊後，她發生了非常嚴重的顱內出血，經過緊急手術清除血塊後，已經暫時脫離險境，躺在加護病房的病床上。這時，她顱內還插著一根腦壓引流管持續排出剩餘的出血，以減少壓力及腦腫脹造成的傷害；而除了頸圈固定保護頸部外，嘴中還插著深入氣管的呼吸導管，連接著體外的呼吸器。

這裡瀰漫著一般人都不習慣的消毒藥水味，而坐在這位傷者右手邊的，是一位衣著樸素的女士。約莫十年前，她自己也曾在生死未卜的情況下，躺在加護病房中，接受所有人的祝福。而她自己也靠著堅強的意志，從生死線上一步步走回來，甦醒後再經過漫長的復健過程，一點、一滴康復。

這一次，女士坐在床邊，用自己的右手輕輕牽著傷者的右手；病床的上半部微微升起，女士左手則是輕柔地按著床上傷者的肩部，同時在她的耳邊輕聲禱告。

將士們「歸建」前的突發事件

「小梅，我今天特別來台中看你了，你一定要好起來喔！如果你有聽見，能不能動一下手指，讓我知道？」余湘輕聲在女孩耳邊說著，一面回想，一個多月之前，她與這位女性支持者才在台中的競選總部見過面，豈料，竟會在這樣的場景中再相逢。陪在身旁的，還有護理師，小梅的師父，以及親民黨台中市立委候選人黃朝淵。

時間回到總統大選開票的那一天，塵埃落定，一切歸於平靜。

小梅騎著機車前往哥哥、嫂嫂家，途中經過黃朝淵的競選服務處，那裡是這一段時間她與其他夥伴一起關心選情的地方，於是便順道進去打了招呼，但是在離開之後，就失去了音訊。黃朝淵與小梅的家人，一面報了案，一面一通接著一通地打了全台中醫院的電話，最後終於在台中榮總聽到了小梅的消息，她發生了嚴重車禍，正在急診室急救當中。

曾經也走過瀕死經歷的余湘，希望她的探訪能夠帶給小梅更多力量，「小梅，你一定要加油。」余湘說完，繼續在小梅身畔輕聲為她進行禱告。

「小梅的手指動了！」突然，黃朝淵發現，小梅被余湘輕輕握著的右手，更確切來說，是食指的指尖，輕輕地動了一下，甚至眼皮、睫毛似乎也微微地顫動。

余湘在離開之前，交了一個紅包到黃朝淵手上，請他代轉給小梅的家人，並交代他一定要好好持續關心小梅的情況，如果有任何她能協助的，隨時打電話給她。幸運的是，小梅也脫離了性命危險，已經在家人照顧下持續進行療養。

事發在一月十一日，選舉、開票當日，一開始黃朝淵並沒有打算要把這件事情告訴余湘，因為選舉已經結束，他知道余湘的個性，一定不會忽略這件事不管，但他覺得余湘選後更需要的是休息，只是沒想到，這件事情還是透過熱心的親民黨志工，傳到了余湘身邊。而余湘接到這個消息的時間，已經是小梅車禍的一個星期之後。

余湘在一月十八日的中午知道了這件事情，就在當日傍晚，搭上了下午四點四十六分的高鐵，一個小時後抵達台中烏日高鐵站，接著在晚間六點半趕到台中榮總，並且在加護病房開放探病的時間——晚間七點到七點半，探望了小梅。

從接到消息到探視完畢，是在「一天」內完成的事。

在看到余湘跟支持者之間的情分與互動之餘，同樣值得討論的，是在這個特殊的時間點——隨扈「歸建」前的倒數十二小時內，整個維安團隊出動這趟臨時任務所展現的滴滴點點。

從一月十八日中午算起，十二個小時後，這些在大選期間隨身保護余湘的二十七位隨扈就要解除這個特殊任務，與余湘道別，各自回到國安局、軍方以及警方三方面的原來崗位上。

而這趟臨時任務的故事情節，以及其背後的意義——或許都展現了你我都不曾想像過的「高度」。

故事，絕對不是只有人與人之間的情分、緣分那麼簡單。

守護國家領袖的超前部署

隨扈團隊，究竟如何保護我們的正、副總統以及參選人？

首先，我們先來了解一下「一般的情況」是怎麼樣。

在大選期間，參選人所有的行動，都必須做到超前的安全部署，不管他們去哪裡、在什麼時間、做什麼、如何做，隨扈團隊都必須在二十四小時前知道，並且做到提前準備。如果是突發狀況而產生的臨時任務，他們也必須搶在第一時間做到最大能量的提早部署，而反過來說，候選人若有臨時增加的行程，也會對他們的工作增添挑戰。

而所謂的超前部署，其層級、高度之全面，更是一般人難以想像。

以這次的大選為例，參選人與隨扈的「情緣」是這樣發生的——這些將士英雄透過國安局、軍方、警方三方經過長期的訓練、千挑萬選以及多輪淘汰後，最後剩下三百三十位，以抽籤的方式平均再分成每大組五十五位的六組人馬，陪伴參選正、副總統的六組精兵團隊待命。

最終確認有三大組人馬擔任三組正、副總統隨扈，包含每位總統參選人含組長在內的二十八位隨扈、副總統參選人二十七位隨扈，以及各大組有一位專責督導長官。

我們可以先從不同的變焦角度來理解他們的角色及責任。

首先，如果以相對小型的單一事件來說，假如是一場記者會，維安工作一定會在前一天做好所有的勘查。而這些隨扈在前一天的工作包括了這些部分：

路線方面，比如余湘要從前一個地點到記者會現場的路線規劃，以及北市警力、交通大隊等，如何協力確保道路警衛上的安全、順暢等。而在記者會地點，場內的安排同樣是輕忽不得的——在所有的記者會或公開露面的場合，隨扈一定會提前一天去「現地會勘」，除了檢視周邊環境之外，還會用儀器在所有室內外空間仔細檢查，確認每個角落都無安全顧慮，尤其是參選人的停留點及行進動線。

于美人記得，在她剛接下發言人工作時，就在一場記者會的前一天，競選總部內曾發生這樣的對話：

「發言人，請問明天三點鐘記者會余副受訪的位置在哪裡？」提前來會勘的隨扈這樣問。

「我想應該是在樓上。」于美人說完，發現隨扈的眼神立刻從「鴿子的眼睛」瞬間變成「老鷹的眼睛」，於是在隨扈還沒進一步再發問時，她立刻秒懂了一切，馬上跟隨扈說：

「抱歉！你給我十分鐘，我馬上確認好所有細節。」接著于美人立刻召集相關工作人員，除了確認就是在「二樓」之外，就連余湘的行進動線、停留點，記者及來賓的位置，以及其他相關細節都做了確認，最後把完整的資訊告訴隨扈。

再來，還可以把視角拉得更高。

比如掃街宣傳的動線安排，或者正、副總統參選人前往辯論、致詞地點的行進路線，就不可能只關聯到每一組的二十七個人而已，因為，所有的事情都必須有一個最高層級的統合規劃——

想像一下，六組人馬再加上支持者，一起在街上跑透透，在選前的每一個時刻，都有可能出現各種規模的衝突、甚至群體激烈對峙的情況，而在這些無法預期的事件中，只要發生任何一個閃失，就有可能出現難以修復，甚至無法挽回的結果。因此，在一個通盤統合的規劃、安排當中，絕對不可以讓不同陣營的兩組人馬有任何相碰的可能——

因為，一旦出現任何意外，不只是安全的問題出現漏洞，甚至我們最引以為傲的民主選舉制度，都會留下遺憾。

倒數十二小時的緊急任務

時間再回到一月十八日的中午。

按照規定，再過十二小時之後，余湘的二十七位隨扈就會向她道別，各自返回原來的工作崗位。大家都已經在進行最後工作的收尾，包括清點各自的武器、裝備，以及撰寫歸還報告，還有打包個人行李等。

但是，余湘卻在此刻接到了親民黨志工的電話，接著，她向黃朝淵證實了小梅躺在加護病房中的事情，而其中最讓余湘心痛與掙扎的是——小梅的昏迷指數只有「三」分。

從醫學上來講，昏迷指數的滿分是「十五」，最低就是「三」分，沒有「零」到「二」之間的分數。正常人的生活狀態，或是有行為能力的人，就屬於昏迷指數當中的滿分「十五」。而「八」分以下，就已經屬於重度昏迷的範圍，需要依賴人工呼吸器維持呼吸，這也是接受腦死判定的先決條件之一。

而小梅的昏迷指數是最嚴重的「三」分。

「我當時就兩個想法，首先是隔天再去台中看她，因為當天晚上之後，隨扈們就『歸建』，一切就不用那麼勞師動眾；再來，就是我跟幾位夥伴悄悄下去就好。」

余湘在訪談提到，她非常掙扎，因為在正常的情況下，她的行動必須在前一天決定，而所有的維安更要在二十四小時前規劃完成，尤其跨縣市的移動，更需要複雜的任務編排，除了國安局，還包括台北、台中兩地的軍方、警方，甚至交通隊都要及早展開相關任務，而醫院方面也要配合做出相關部署，在不打擾其他民眾與家屬的情況下，為院內的維安做好準備。

看起來，從這個角度來說，隔天再下去是最好的選擇，因為在隨扈「歸建」後，一切就不用這麼臨時地大陣仗安排了。可是，這一次的情況，多延遲一秒，都有可能「來不及」。

「想來想去，還是得立刻下去，一刻都不容緩，因為小梅的昏迷指數已經到『三』分，台中那邊的夥伴說，如果不即刻過去，或許第二天就來不及見到她了。」

不想在任務的最後一天又麻煩維安團隊，但又必須趕快去台中慰問小梅，余湘的掙扎與煩惱，都被隨扈們看在眼裡。她提出，自己能不能帶幾個身邊的夥伴低調下去就好，但是這樣的心意，被隨扈們的長官「拒絕」了。

「余副，您不要擔心，也不要有任何心理負擔，哪怕是到最後一秒，我們都一定會守護您到底！」長官貼心地對余湘說完，轉頭就開始依程序通報各單位開始部署。

接著余湘、祕書、近身的女座車侍衛官，以及近身團隊，如前所述搭上了下午四點四十六分的高鐵，晚間六點半抵達台中榮總；而其他的隨扈，早就在長官下達命令的中午，立刻放下手邊準備「歸建」的收尾工作，先一步火速趕到烏日高鐵站及台中榮總，並做好所有的前置維安作業了。

而當時協助早一步到台中榮總的隨扈進行維安部署工作的黃朝淵，也對這群年輕的隨扈人員印象深刻：

「他們非常嚴肅，從溝通、了解醫院內的行進動線、用儀器檢查等，每一個環節都兢兢業業，這雖然在我想像之中，但是親眼看到他們工作的一幕幕，仍然覺得十分震撼！」

在隨扈們的共同守護下，余湘順利把祝福帶給了小梅以及她的家人。

「雖然他們一直強調，在歸建之前的任何一秒都不會鬆懈，因為這些都是他們的職責所在，」余湘的心裡對這些將士英雄們充滿感激：

「但是，說得幽默一點，我們是『選輸』的一組！他們的任務已經在準備收尾了，我覺得這個臨時加進來的任務，可能又給大家添麻煩了。但是，他們仍然用標準的規格完成了這個使命，陪伴我去台中，最後在『歸建』前最後一刻，再把我送回台北的寓所。」余湘說，她不可能忘記這五十八天，尤其這最後的十二個小時內，隨扈帶給她的感動。

「那段時間，平常掃街的時候，跟其他兩組參選人走到哪裡都是滿滿的支持者比起來，我們這一組比較不會發生那種擠到人都走不動的情況！不過，他們從來沒有馬虎過，前導車怎麼開，余湘身旁的座車侍衛官、前後隨扈怎麼護衛，該有的規格都沒『打折』！」于美人幽默地補充：

「一月十八日那一天，我有其他任務，沒有跟余湘一起下台中。但是，一路回想這趟『緊急任務』發生的脈絡，以及看到這一段時間內，這些隨扈這麼盡力保護我們的總統、副總統參選人，我的心得是——這些在任務結束前一刻接到臨時任務的隨扈，仍然保護參選人直到最後一秒——這就是讓我們對國家未來更有信心的地方。」這是針對這個「最後的臨時任務」，于美人下的註解，幽默而到位。

雖然，這些隨扈面對的是「選輸」的一組，再加上事情又發生在任務快結束前的一刻——

但是，他們所有的信念、態度，以及具體呈現的執勤規格，不但沒有「打折」，甚至還在時間緊迫的時間限制中，更加用心地完成任務——在我看來，這些將士英雄，包括余湘的隨扈，還有所有正、副總統的隨扈們，他們不只是保護國家領袖的英雄，而更是守護國家民主的英雄。

把一切交給隨扈的「專業」

從本章節前半部所描述的故事看起來，我們就算沒有親身經歷，卻也能想像

「隨扈」這樣的角色，之於一個民主國家的高度、深意，絕非三言兩語就能說得清。

而我們也不難想像的是，大部分的人，尤其是沒有長期待在政治環境中的「政治素人」，突然因為「隨扈」出現自己的生活圈中，包括住家大樓附近隨時有人來回巡邏、只要一出門就一定必須有人保護等，一定是非常不習慣的。

就連多年來在大企業統率無數員工的余湘，坦承她也有大約一個星期左右的「適應期」或「磨合期」，在這當中，甚至還會產生一些「小混亂」。

「我習慣自己背包包，如果在真的需要幫忙的時候，也有自己的助理會幫忙，這樣的事情，我認為不應該去麻煩隨扈，我一開始的想法是這樣。」這是余湘對隨扈的體貼，而她的想法很可能也跟一般大多數人一樣。

但是，從維安的角度來說，這件事情就完全是不一樣的邏輯與概念了——因為，在任何一個不經意的瞬間，這一個包包，很可能隨時會被丟進爆裂物、毒蛇等會造成傷害或危險的東西，也因此，隨扈的雙眼不能有一秒離開余湘的包包，也因此，提包這件事，在必要的情況下，也是隨扈的職責之一。

至於余湘所謂一個星期的「適應期」，其實是可以理解的。不只是余湘，甚至包括她的助理、祕書，還有近身工作團隊，都要去適應這些生活中的新變化。而在我的觀察與判斷，企業老闆、專業經理人出身的余湘，應該是從「理解專業」、「尊重專業」的角度去適應這件事的。

「當我理解到他們的職責，以及邏輯時，我就知道應該怎麼配合他們了，所以，在不同時空、場合裡，他們配合我，我也配合他們，雖然我不見得有辦法去理解他們考量的所有細節，但是我知道，可以把自己的一切安心交到他們手上。」

余湘說，這一個部分的體會，也和所謂的「分際」有關：

「在第一個星期的『適應期』，或者說『磨合期』，我學到的就是『分際』的課題，哪些事我可以做，哪些事我不能做，哪些事我可以請他們幫忙，哪些事我必須自己完成，這些都是我要讓自己迅速學會判斷、釐清的『分際』。」

而說到「分際」，于美人也有一個深刻的體會——同樣是「提包」的相似場景，體現的卻是不同面向的省思。

當時，開會到一半的于美人，起身往廁所走去，匆忙中，她習慣性地把包包遞往坐在不遠處的助理，沒想到，一位剛好也站在旁邊的隨扈——余湘的一位隨扈，竟然順勢接了過去。當下，于美人驚覺：「不對！這不對！這怎麼可以！」回想起當時那個剎那，于美人仍然「心有餘悸」：

「她是保護副總統參選人的隨扈！所有的正、副總統參選人，每個人被分配到二十七位隨扈，她是那二十七位將士中的其中一員，她的職責是保護參選人，代表的是安全、紀律，甚至是一個民主社會的『文明』，我怎麼可以讓她幫我提包包？我是發言人，我不是參選人，這樣真的不對！」于美人當下閃過這些心念，她才踏出兩步，立刻走回來：

「對不起！不好意思。」于美人從隨扈手上拿回包包，遞給自己的助理。

「發言人，沒關係的！」那名隨扈說。

「謝謝你！但是我知道『分際』！」于美人說。

「自我節制」與「全心交付」

余湘和于美人都提到的「分際」，不禁也讓我想到，于美人在大選後的一次直播中，和粉絲暢談擔任發言人一路走來的心情時，特別提到的一段話：

「在這五十八天內，我學到『自我節制』跟『自我克制』，因為我這五十八天的老闆，他們兩個（指宋楚瑜和余湘）都是這樣的人，當一個人有權力、社會影響力，他們卻如此『自我節制跟控制』，這是我一生花錢上課都學不到的重要經歷和能力。」

而余湘關於「自我節制」的體悟，也與她從「理解專業」、「尊重專業」的角度適應隨扈的省思有關。

「在我決定接受擔任副總統參選人之前，早先有排定了一些私人的行程，比如跟朋友聚餐，或是和家人在假日小小出遊、踏個青，而當決定參選、隨扈加入我生活後，我原先的想法是，這些是我自己私人的事情，不用麻煩他們保護我。」余湘回憶：

「但是，他們告訴我，我只要外出，就不能離開他們的視線。我可以去其他地方，但是他們一定要隨身保護我的安全。」余湘說，隨扈們不會限制她去哪裡，要做什麼，但是，她的腳步移動到什麼地方，他們就一定要跟著。

也因為這些突如其來的生活變化，讓余湘開始調整自己生活的方式，包括她幾乎不再安排私人行程：「因為我不論到哪裡，哪怕是臨時起意想去像是餐廳這樣的小地方，他們都要提前去會勘、偵查，我認為這很勞師動眾，這不是我樂見的情況，因此，這個經歷也讓我學到了一課，叫做『自我節制』。」

而余湘的體貼，所有的隨扈都感念在心頭，尤其是兩位和她相處最密集的女座車侍衛官。

有的時候，她們看到忙碌奔波的余湘難得有稍微閒下來的小小空檔，會貼心地問她：

「余副，您有沒有想去哪裡走走？」也許隨扈的心意，是希望余湘在忙碌的步調中也能抽個小空檔走動一下、動動筋骨，但是，經過心態調整的余湘，至此後都只會這樣回應：「不用、不用！」這是余湘反過來對隨扈們的體貼。

感受到余湘用心的隨扈，雖然不說出口，但是，他們對余湘的敬重，以及與余湘之間彼此信賴的默契，都被身邊的人看在眼裡。

有一次，其中一位女座車侍衛官與余湘相互攙著手一起走路的背影畫面，被隨扈的長官拍了下來。這位長官，從軍已經幾十年，從來沒有看過參選人主動與隨扈攙著手的畫面，在感動之餘，他還把這張照片分享給國安局長。

這件事情也讓很多人直呼感動，在繁忙的大選維安工作中，成為大家精神上的一個鼓勵，因為這個場景體現的是——

隨扈們的專業以及可信任度，可以讓那個被保護的人，把自己的一切全心交付。

記住每一個人的名字

這樣一個把自己全心交付給隨扈的余湘——「政治素人」余湘，自然讓隨扈們覺得非常獨特。

余湘的獨特，還包括她能夠記得住每一位隨扈的名字，甚至小名與外號。

而她的這一面，也是我親眼見到過的。

那是一月十六日，隨扈們「歸建」前的倒數第三天，一位與我亦熟識的媒體圈前輩邀請余湘到她開幕不久的咖啡店敘舊，我也受邀請參與——也就是我在本書第一章節〈明知不可為而為之〉開篇提到的場景。

時間已經是大選結束又過了一個星期之後，余湘也還不知道本章節前面敘述的台中緊急任務，因此，氛圍是相對輕鬆的。但是，不論是選前各種嚴肅或緊張的正式場合，或是選後如這般的軟性行程，只要時間是在「歸建」前，保護余湘仍然是隨扈們的職責，因此，身負維安重任的他們，在當天也一起來到咖啡店內。我記得人數應該有十多位。

咖啡店裝潢走著的是古樸的歐式風格，暖色系的燈光搭配著輕鬆的爵士音樂，再加上四處擺放著鮮花，還有咖啡店老闆效華姊四處旅行搜集來的手工藝品，這裡的一切就跟我們喜歡去的任何一間咖啡店一樣，讓人覺得十分放鬆、愉悅。而效華姊也熱情地為隨扈們準備了一人一杯咖啡。

雖然我們坐在店內比較隱蔽的一個半開放式包廂裡，隨扈們仍然一刻沒有鬆懈，尤其女座車侍衛官的職責更是必須守護在余湘身邊，就算余湘走進包廂旁的洗手間，她也要站在洗手間的門口，不能有一刻讓余湘離開自己的視線。

這樣的氛圍，在嚴肅及輕鬆的相互調和下，巧妙地達成了一種平衡，效華姊與余湘敘著舊，我也與在場的大家分享我前一本書出版後經歷的種種故事。而在我們的咖啡時光即將結束之際，身為基督徒的效華姊，被余湘與隨扈們的互動場景感動，提出想為這些保護余湘的隨扈們進行禱告祝福：

「各位再過三天就要離開這個大家庭、回到各自的崗位上去了。這是我第一次看到這樣的場景，看著你們這樣保護湘姊、守護湘姊，我不知道可以用什麼言語來表達我的感動，以及感謝你們這樣守護我的好朋友。我現在還不認識你們每一個人，不知道你們的名字，你們願意讓我為你們做一個禱告祝福嗎？」效華姊說完，我當下看到幾位隨扈的反應，有的人甚至小小驚訝了一下，但是很快臉上都綻放了笑容。

效華姊坐在余湘的身邊、拉著她的手，一面為隨扈們禱告祝福，一面也為余湘的健康及快樂祈禱。禱告結束後，我看了一下余湘，發現笑得非常溫暖的她，似乎欲言又止。

「我不知道湘姊平常有沒有和你們有很多生活上的交流？以我認識的余湘，我相信是會的。現在我有一個提議——請湘姊為你們做個別禱告，我相信她會非常樂意的，不知道你們願不願意？」效華姊說完，余湘的手和女座車侍衛官的手已經很自然地握在一起了。余湘閉上雙眼，開始為她禱告。

接下來，這些隨扈，包括其中一位是他們的長官，也一個個坐到余湘身邊，讓她握著他們的手禱告——余湘在握著每一位隨扈雙手的時候，不只叫著他們的名字，甚至還說出了與他們個別相處的小故事，一面為他們在這一段時間的守護表達了感謝，一面也從對他們各自生活的點滴觀察中，為他們祈求更多祝福。

在我的知識範疇內，這似乎不是元首級別的領袖人物和貼身隨扈們之間會發生的互動場景。但是，如果這一切是發生在余湘這樣一位「政治素人」身上，這一切似乎就都合理了。

午後咖啡時光的故事說完了。

我當時就很好奇，余湘都是怎麼樣記住這些隨扈名字的？事後在一次與余湘的助理閒聊時，我得到了答案：

原來，在剛剛接下副總統參選人任務時，身邊突然多了二十七位隨身保護自己的「貼身侍衛」，余湘只要有和他們對話的機會，一定會問當時那位隨扈的名字，而即便是在沒有機會交談的場景，她也會在事後去「補問」：「剛剛那位幫我開車門的隨扈，他叫什麼名字呢？」

這就是那位在數十年前當總機小妹，練就一身「聽聲辨人」本領、記住所有客戶名字的余湘；數十年後，她參選中華民國副總統，在確認競選身分後，經過一個星期的「適應期」，也以同樣的用心，把所有隨扈的名字牢牢記在心裡。

發生在余湘與隨扈之間的點滴，也讓我想到了一個「對照組」的例子。

曾經有位已經離開軍職的朋友，過去也多次擔任過大選隨扈的工作，甚至還服務過同一位參選人兩次以上。在一次聚餐場合，這位隨扈朋友與他的昔日同僚都在場，而他們兩人之間的幾句對話，也讓在場友人都印象深刻。

「算一算，我過去跟在他身邊應該超過十年了吧？不過，他好像從來沒有喊過我的名字。」我的那位友人說。

「有啦！他有喊過你的名字啦！」他的昔日同僚笑說。

「啊？沒有吧！真的沒有。」友人皺起眉頭，還是怎麼樣都想不起來。

「在他眼中，你的名字不是就叫做『欸』嗎？」同僚說完，全場都笑了出來。

印象裡，他們似乎也沒有說出那位同樣是正或副元首級別的人物是誰，但是，在兩位弟兄的眼神交流間，似乎傳遞著一種默契——

或許對於部分政治人物來說，隨扈叫什麼名字，或者隨扈是誰，並不是一件最重要的事，但是從另外一個角度來看，如果能夠得到更多的尊重——不管是對「人」的尊重、對「身分」的尊重，還是對「專業」的尊重，他們都更會不顧一切地用心去保護職責範圍內必須去守護的那個對象。

或許，是因為「政治素人」的背景，或是「企業管理者」的高度，更或者是那個從台東關山「游」出來的性情本性，讓她的隨扈們，在經過五十八天之後，心裡仍然會惦記那位記著他們名字的副總統參選人——余湘，甚至在相處的時間漸漸邁入尾聲時，他們還準備了一個讓這位「老闆」一輩子都忘不了的驚喜。

時間來到十二月三十一日，余湘的生日。

這一天，她得到了一個一輩子都忘不了的驚喜，也可能是一輩子都忘不了的生日禮物。往年生日，她會在外面的餐廳與朋友聚餐，但是這一年，為了避免維安系統、隨扈團隊們又要勞師動眾地出動，她選擇在自己家裡辦了一個簡單的生日晚餐會。

當天來的都是余湘熟識的朋友，但是，畢竟不同人來往進出的情況，也是維安工作上必須顧及的範疇，因此，其中的幾位隨扈，在職責範圍內也必須在場。

在那場晚餐會結束的時候，隨扈們拿出了一束「花」。

這把花束，上面沒有花朵，也沒有綠葉，而五彩繽紛的彩帶，纏繞著的是一大束真空包裝的「豬肉條」。原來，在這段競選期間，余湘在每天東奔西跑的行程中，常常忙到沒有時間吃飯，雖然知道豬肉條沒有足夠的營養，但是，輕便容易攜帶，味道也還不錯，因此，就常常成為余湘在趕行程中的「代餐」。

在所有好友的掌聲中，余湘接受了這束「花」，她感動地說：

「謝謝你們！我這輩子從來沒有收過這樣的一束『花』。今天的這一束『花』，我永遠都不會忘記！」

余湘收下隨扈的這份心意，把這束「花」捧在胸前，看著眼前一路支持她的朋友們，以及在場幾位這段時間貼身保護她的隨扈，心裡是百感交集。

而在大選結束之後，余湘難忘與這些隨扈相處的日子，於是有感而發地寫了一封信給每一位守護過她的民主英雄：

參與總統大選是我生命中的意外，
六十天和你們朝夕相處卻是我生命中的驚喜。
你們的軍魂，
你們的英雄魂，
你們的盡忠職守，
你們的盡心盡力，
這些傳說中熱血的故事
居然就活生生的存在我的生活中。
一甲子的歲月中
天降神兵，
居然在這六十天搭建了這神奇的機緣，

你們已經深深地，
牢牢地烙印在我的記憶中。
我一向理性，冷靜，不容易動情⋯⋯
當你們穿上防彈背心，
當昨天晚上，你們呼叫我「老闆」
那一瞬間，
莫名其妙的心房強烈的在顫動
此刻，
我只知道向每一位我尊敬的維安英雄們說：感謝！
你們讓我見證了人與人奧妙的情感，
你們讓我見證了傳奇英雄的存在，
你們點亮了我生命中的最光采的六十天。
余湘，余姊
在這裡向每一位我最尊敬的英雄
致最敬禮！

英雄無名。專業低調。絕對忠誠。以身作盾。

英雄無名。專業低調。絕對忠誠。以身作盾。

上面這十六個字，出現在余湘特別訂製的威士忌瓶身上，而轉到瓶身的另一面，可以看到余湘留的另一段話：

「下一個成功的故事，交給年輕的你們來訴說。」

這是余湘在隨扈們的任務結束之後，送給每個隨扈的紀念禮物之一。

而這十六個字，其實也是隨扈們在啟動這段任務時的宣誓詞。

「隨扈」，其實就是一般人理解的近身「侍衛」，而這些英勇的將士，在受訓時，會被交代「兩件事」，大意是：

「侍」——你要服務、照顧你守護的對象，並且讓他安心、舒適，這個人如果把事情交託給你，你要幫他完成。

「衛」——你要盡一切努力地保護、保衛這個人的一切人身安全，不容一絲一毫的閃失。

而做到這兩點的「侍衛」，必然可以被全然依靠、全心託付。

這樣的描述，就可以再回到「以身作盾」的誓詞裡面，四個字的方寸之間，訴說的其實是不容牴觸的隨扈精神——正如同他們在受訓時，長官們對他們說的：「如果有子彈飛過來，你要衝上去擋！」

再用另一種場景來說明隨扈的精神。電影中常常有不少驚險的畫面，尤其是動作電影，在「英雄旅程」式的故事中，常有車子經歷各種追逐，甚至翻滾、衝撞的場景。而如果是一排車，前面的那台如果「犧牲」，擋掉了第一線的災難，後方的車輛，通常就會有緩衝的空間可以為下一步的安全做準備——事實上，這也是正、副總統隨扈中「前導車」的職責核心之一。

在受訓的時候，「前導車」成員就被交代，他們的任務，不是只有「開道」而已，如果有特殊的危機發生了，不管是槍林還是彈雨，或是來自其他車輛的撞擊，以及其他自然災害，倘若能夠為後方那一輛車的被保護者爭取到更多脫離危險的機會，他們就必須不顧一切地衝上去擋，哪怕是用「甩尾」的方式也要擋！

說到這裡，讀者們可以試想一個狀況：

假設在選前倒數十天，或者再拉長一點——一個月，如果有任何一位候選人的安全出了問題，那麼，這個民主國家立刻會面臨哪些「窘境」，甚至「危機」？

因此，這些隨扈，除了是保護參選人的將士，難道不更是守護台灣民主的偉大英雄？

第八章

未完、待續

在這本書撰寫的過程中，除了龐大的資料整理工作之外，也需要透過許多大大小小的訪談與例行會議，與故事中的關鍵及相關人物對話、交流。而我的訪談地點大多是在于美人台北的寓所。

我默默地發現了一件事：于美人跟我一樣是個不折不扣的「芒果控」。芒果的酸甜，就跟人生一樣，其滋味不僅帶給我好心情，甚至驅動出滿滿的目標感。以前香港、澳門的電視台同事都知道，我上鏡頭之前，如果吃上幾口樓下街市買的芒果，馬上會充滿電。如果有油麻地果欄的芒果更好，因為那裡的芒果特別新鮮，甚至還吃得到台灣的味道！

而同樣的，每次在重要文章截稿前，或撰書趕稿的階段，我也總是芒果不離桌，因為那是下筆的關鍵驅動源泉。而有一天，我悄悄發現，自己的這個習慣或嗜好已經被于美人觀察出來了。

當天，她一如平常，在開會時切了滿滿一桌芒果給大家。但卻在我離開之前特別說：

「知道你今天晚上會趕稿，我再多切一些讓你帶回去！」

原來于美人是個「芒果控」？

從那天開始，每次到于美人寓所開會，離開前她總會再多切一大包讓我帶回家。

有一次，在前往于美人寓所開會的路上，我的「芒果魂」又上身了，忍不住傳了訊息給于美人：「美人姊，今天也有芒果嗎？可不可以切多一點？這樣我會更文思泉湧！」她立刻秒回：

「哪一次你來沒有芒果？其實你已經把土芒果、玉文、金煌、凱特、夏雪、金蜜吃一圈了，今天是玉文跟金煌的搭配，趕快過來！」

看了于美人的回覆，我心裡想：「這才是專業等級的呀！」看來于美人不只是知道我喜歡吃芒果而已，其實，她自己根本就是一個等級更高的「芒果控」！

從那天以後的開會，我每一次到于美人寓所，一定會特別問，今天的芒果是哪一種，或是哪兩種以上的搭配？而再仔細感受這些芒果入口的味道後，我還有了一個有趣的發現——芒果是一種有趣的水果，不同品種的芒果，即便同時混合著吃，其味道不但不會相斥，還會產生不同的搭配效果。

台灣是這樣的一塊土地——不論是地理、氣候環境，以及相關技術的進展，還有可信賴的商業模式，都讓各種風味的美味芒果，以及其他各式各樣的水果，可以讓所有台灣人、國際友人吃到甜在心裡、笑在嘴上。而也正是這樣的一片土地，可以讓不同背景、不同喜好、不同想法與價值觀的人在這裡演奏著不一樣的樂器，恣意哼唱不同個性的曲調、不同風格的歌謠。

「我們的多元色彩，除了藍色、綠色、橘色、白色，還有其他顏色，因此，已經走過直選總統二十四年的台灣，我們的每一步，怎麼可能不小心謹慎？」這是于美人在卸下發言人職務後，經常跟朋友分享、討論的一個醒悟。

而此刻，又不禁讓我們回想到余湘參選時的致詞：

「選舉的本意是一場追求民主自由的嘉年華會，選舉的輸贏，不是追求任何一個政黨的輸贏，而應該是人民在每一次的選舉中，到底贏得了什麼？」

「我們台灣人民的未來，到底被置於何處？難道只有政黨的成敗？卻沒有全民的勝利？我，做為一個女兒，做為一個媽媽，我不希望我們的孩子，永遠生活在這樣的政治陰霾和恐懼之中。」

德國國會大廈與台灣的對話

回憶親民黨競選總部裡的裝潢場景，除了二十四小時擺上口味不同的零食、飲料，更以各種不同顏色的氣球作為主視覺，意指宋楚瑜與余湘在這次參選中，傳達的就是打造五彩繽紛的政治環境、讓小黨進入國會的精神，甚至入口處的桌子也以綠、橘、藍等不同色彩元素來共同設計。

這樣的場景，不禁讓我想起二〇一六年五月的一段記憶。

當時有幸受邀到德國柏林市政府主辦的歐洲新創盛事亞太週（Asian-pacific Weeks）演講，同行的是在政界或產業界都同樣為台灣的發展盡心盡力的許毓仁、陳奕儒兩位好友。我們亦受我國當時的駐德陳華玉大使和公使谷瑞生博士接待，一行人也有機會一訪德國國會。

至今，我腦海裡揮之不去的，是抬頭就能望見的——懸在屋頂下方的紅、藍、黃，以及黑色四葉長舟。

「其實，這四艘獨木舟是可以調整升降的。」帶我們參觀德國國會大廈的谷瑞生博士，指著懸於大廳上方的四艘獨木舟裝置藝術說：

「你們猜到了嗎？這四艘顏色不一樣的獨木舟，其實也比喻著德國四個具影響力的政黨：基督教民主聯盟、巴伐利亞基督教社會聯盟、社會民主黨，還有自由民主黨。所以，」谷博士滔滔不決地說著：

「也許下回你們再來的時候，這四艘獨木舟的相對高低位置，又是另外一番風景了。」

這是多麼創意十足，又涵義深遠的藝術呈現——今日你席位多，明日可能又換我執政，上上下下，民之所向，風隨時都會換不同方向吹，這四艘船，甚至還可能隨時會少了其中一艘，或者隨時會有其他顏色的船隻加入——這樣的精神，不僅鞭策在位、當權者，切勿驕傲自滿或恣意弄權，務必真真切切用心、踏踏實實執政；也提醒在野、監督者，一定要確實扮演好督促、鼓勵、批判的角色。

從獨裁走向民主，烽火連天、塵埃落盡之後，花草樹木開始重新生長——今日的德國，處處蟲鳴鳥語、百花齊放，最關鍵的原因之一恐怕也包括東西統一之後的當代德國人，願意一起面對歷史的道道傷疤，以和解、共生的態度，一起正視未來的步伐方向。

如果漫步在今日柏林的大街小巷，我們在很多地方都可以看到歷史「流過膿」、「淌過血」的痕跡，不論是古蹟保護的形式，或是被直接創作成當代裝置藝術等，都被當作重要的珍寶被這個國家小心呵護著。

在踏著向前邁進的步伐同時，德國人知道那些早已泛黃漂泛在歷史長河中的點滴記憶，是絕對不能忘記的元素，因為，沒有鑑往，何有知來？但他們同樣知道團結以及活在當下的重要性，因為，這是整個民族一起繼續走向未來的重要條件。

而台灣，從戒嚴、白色恐怖時期，走到可以總統直選的今天，我們的民主進程確實彌足珍貴，卻也有諸般待反省之處——每四年或八年「顏色一換」，樂見的是人民可以用選票來選擇執政與監督的團隊；但我們也憂心的是，政黨相互傾軋而造成許多人對大環境的變化越來越冷漠無感，而在這個「自由意見社會」的另一面，也有部分人難以對於抱持不同想法的人包容，甚至相互仇視。

在這裡，我們也回想到余湘在參選致詞留給我們的問題：

「當我們自稱為亞洲最被羨慕的自由民主社會時，我們的選舉文化真的是被大家羨慕的民主典範嗎？」

這個問題，我認為沒有一定的答案，就我自己個人的想法，我認為是「Yes」，但是這個「Yes」是有前提的——每一個人都非常清楚自己當下在做什麼，為什麼而做，以及目標在哪裡，還有更重要的是——改進的空間在哪裡。

因為，所謂「民主」，並不是萬靈丹，而是一個需要不斷經過修正跟調整的過程。

余湘：把目光移開政治

回到大選倒數的時候，當大家都認為宋楚瑜終於不再選了，這位被網友調侃「活到老選到老」的宋伯伯居然一下又跳了出來，第五度投入總統大選。媒體與網友笑他像奧運、世界盃足球賽，每四年出現一次。對此，余湘和于美人在深度理解宋楚瑜內心真正的想法後，卻是以「陪他走完最後一哩路」的用心，走完這五十八天。

「不是選輸贏，選的是一種『高度』。」余湘常常這樣勉勵他們的支持者。

「不管外界怎麼看，我們要把『笑話』變『神話』！」身為發言人的于美人，則這樣激勵團隊。

「選前之夜，那晚很多人都很感動，因為再過四年，奧運會有，但可能沒有宋楚瑜可以選了，我告訴現場的支持者，這次的定位是『終橘（局）之戰』，因此，這是你們最後一次可以把票投給他的機會！」而除了選前之夜的支持者，于美人特別感謝的，還包括一路從參選記者會就開始陪伴他們直到選完的那群幕後人員，包括燈光、音效，攝影團隊等。

在第一次與這些技術團隊夥伴接觸的時候，于美人並沒有告訴他們，未來的這一段時間要服務的對象是親民黨總統、副總統參選人，只跟他們說是「美人姊非常重要的活動」，拜託他們一定要拿出最高規格的技術與能力。

「到後來，他們知道要服務的是宋楚瑜和余湘，就連那些在後台工作的技術人員，包括工程團隊，所有的人都穿上了正式襯衫，用最嚴謹的態度去面對所有細節工作，我們都感動到不行！」

選前的那一天晚上，競選總部最後的造勢晚會已經落幕，于美人到後台去跟每一位工作人員握手、道謝：

「我告訴他們，我們大家參與的是非常有質感的候選人的最後一戰，謝謝他們一起寫這一頁歷史，這樣的候選人以後或許不會再有了，『是你們，幫他撐住了最後的顏面，也是你們，會讓大家永遠記住他的好！』當時很多人都眼泛淚光。」

很多支持者不捨得，因為擔心選舉一過，這樣的的凝聚氛圍——一種大家一起希望台灣越來越好的氛圍，沒多久就會散去，這是所有的人都不樂見的情況。那麼，有沒有解決的辦法？

對此，余湘提供了一個建議給所有的支持者，甚至她認為全台灣人都應該一起來思考、執行這件事：

「把目光移開政治。」余湘說：

「關心一切你能做的事情，回到各自的崗位上繼續打拚，實實在在扮演好你當下的角色。」

「比如友善的監督，」于美人補充：「我們希望所有的人都能把『政治中的激情』放下，不要對立，而是一起思考如何做出對這個國家、時代有幫助的事情，你可以提出建議，也可以幫助別人進步，不管這些人的想法跟你是不是一樣的。」

這五十八天一路走下來，余湘和于美人看到、聽到，更觀察到許多一般人不知道的角落，「我們希望大家能夠把原本放在政治上的過多注意力，轉移到許多需要幫助的人，或是有待調整、進步的事情上。」

比如余湘到嘉義市天主教中華聖母基金會沐浴教室參訪時，就發現「洗澡車」不夠使用。所謂的「洗澡車」，更正式的說法是「到宅沐浴車」，可以提供失能者及長輩更妥善、有尊嚴的沐浴，洗澡服務。

「很多機構正在做的事，都是政府該做的！因為機構在推動這些服務時，常常出現經費不足的情況，他們非常辛苦地不斷募款，但是不一定募得順利，相關器材常常只能買半套，難道這些事情不該被關心、不該被支援？」余湘說，她自己就常常在朋友群、學生群裡面起頭，大家東湊一點、西拼一點，就可能會讓更多獨居老人有澡洗、有飯吃。

「有學生問我，老師，我捐五千可以嗎？會不會太少？我告訴他，怎麼會少？一點都不嫌少！」

再舉一個法案層面的觀察為例。

于美人也指出，所謂的「一例一休」政策，雖然立意良好，但是，在沒有完整考量到不同行業特殊性的情況下，反而讓勞資雙方的關係變得更緊張，因此，如果以「一例一休」的精神而調整為「異業異法」，不但能兼顧勞工的保障以及彈性，更能讓勞資關係重新修復。

「還有，很多人想不到的是，」余湘補充說：

「大家都覺得『一例一修』影響到的是大人，可是我們到台東阿尼色弗兒童之家參訪後才知道，原來就連孩子們也受到影響了，假設老師們，或者大哥哥、大姊姊不能連續上三天班，他們就不能有過夜的露營行程了，登高山、踩大海的出遊變得比之前更少，你說這些孩子叫不叫人心疼？」而此後，很多社福團體都變得更難去辦各種活動了，尤其不是拿國家補助的社福團體變得比以前更辛苦。

「把目光移開政治吧！」余湘說：

「或許在大選期間，我們的走訪會讓大家更能夠看見這些角落，但這不代表選完了後，這些問題就會跟著解決——它們還在那裡，而且舉步艱辛，所以，我們應該把焦點轉向這些地方。」

五百封信的堅持

呼應我在這本書自序中對「擺渡人」的描繪與比喻，再進一步分析「擺渡人」的特質，在這種「成功不必在我」的精神背後，我認為不能缺少還有一份堅定持續「賦能」的心念——

余湘就有一個展現「擺渡人」精神的故事，讓我按耐不住想在這本《意外之外》故事即將結束之際分享。

一段時間之前，有一位在專業上展現高度才華、受到各界肯定的人士，鋃鐺入獄。

一個原本在業界呼風喚雨的意見領袖，突然消聲匿跡，霎時之間，許多原來與他來往密切的友人，知道這件事後，立刻與這個人以及他的家人保持距離、畫清界線；而當時與他還不熟識的余湘，卻雪中送炭——

不僅在他入獄期間多次探視，更經常親手提筆，一個字、一個字地把她從生命上、事業上，甚至信仰上領受到的感動分享給他。

很多人都聽說過這件事——余湘寫信鼓勵這位入監的友人。但是並不是每一個人都知道的部分是，余湘不是寫「一封信」，而是「幾乎一天寫一封信」，直至他度過難關，邁向新的人生軌道。

在這個人出獄前不久，余湘收到了他來自獄中的信件，其中有幾句是這樣說的：

「我以前只知天高而不知地厚，才從頂峰跌至谷底、甚至監獄。」

「我深信未來才是我的生命之光。」

余湘的用心，有兩個層面：

首先是表層的，因為，就目前的規範面而言，獄中的人只要被評估為與外界有足夠的正面互動，就更能夠達到「假釋」的標準；而更深一層來看，余湘相信自己的真摯一定可以帶給這位友人更多力量，幫助他度過眼前的考驗，並且啟發他在未來的時空用才華與智慧去影響、賦能更多的人、更多的事。

余湘與這位友人的互動仍然持續著，而就我所知，余湘所寫的一封封書信，在這個人的生命中確實帶來了無法估計的改變——如今這位重獲新生的友人已經出獄，並且重新在事業上展現專業，甚至正在振臂疾書，就待新書付梓的那一刻，讓更多人看到他的蛻變。

「余姊，您同意幫我寫序嗎？我在獄中，您寫給我近五百封的信，我也帶回來很多封，它們都是深深感動我的訊息。真的非常感謝您。」這是在準備出版新書之際，那位友人傳給余湘的訊息，希望余湘能幫他的新書寫推薦序。

「我文筆不好耶！」余湘這樣幽默地回應他。

「余姊，您愛說笑，我就是倚靠您那五百封信活過來的，感謝您幫助我走出死蔭幽谷。」這是這個人真摯地說出的心裡話。

說到這裡，我覺得「擺渡人」的精神裡，還必須有這樣的特質：「堅定與持續」。換言之，就是「明知不可為而為之」的執著與堅持——是余湘的「明知不可為而為之」驅動了接下來的故事，讓這位友人的「危機」，轉化成為生命中的另一個「轉機」。

換句話說，不去「為之」，怎知「不可為」？所謂「明知」，很可能都是自我設限，也因為這樣的設限，我們就可能因此失去生命中許許多多寶貴的東西。

又來到庚子年的起點

著手開始寫這本書的時候，是二〇二〇年上半年，除了每天翻新戲碼、打得如火如荼的中美貿易戰，也正是新冠疫情病毒肆虐全球之際，而台灣，也正和其他國家或經濟體一樣，正在經歷風聲鶴唳、草木皆兵的疫情階段——

有這樣一說：每逢庚子年，必伴隨著重大災難或歷史轉折，有可能是震動世界的國際大事，也可能是不好的天災或人禍，如同星辰的運行軌跡一般，冥冥中驅使著歷史在驚人的相似裡循環反覆。

因此，就有「庚子預言」、「庚子之災」、「庚子大坎」、「庚子輪迴」這些說法出現，而新冠肺炎肆虐全球的二〇二〇年，正好就是庚子年——而且還是二十一世紀的第一個庚子年。

我們來回顧一下，歷史上的庚子年，人們到底都經歷了些什麼：

首先，我們從二〇二〇年回推到上一個庚子年——一九六〇年，中國共產黨開始主宰中國大陸，毛澤東發起的「大躍進運動」、「人民公社」讓全中國陷入動盪，禍不單行，中國也爆發了有史以來最嚴重的大饑荒。而國際上，美國強勢介入越南戰爭，非洲十七國相繼宣布獨立，智利則發生芮氏規模九．五的大地震。

再往回推六十年，來到一九〇〇年，「義和團」興起作亂，八國聯軍攻陷北京城，被稱為「庚子國難」，慈禧太后挾光緒皇帝逃到西安避禍，最後極盡屈辱地簽訂了不平等的《辛丑和約》，慘賠四．五億兩白銀，這就是史上有名的「庚子賠款」。而同一時間，印度發生了讓無數人餓死的大饑荒，歐洲則是爆發了罷工浪潮。

一八四〇年則是爆發第一次鴉片戰爭，滿清王朝原來關得緊緊的鎖國狀態，被大英帝國的炮火強行炸開，中國開始進入將近一個多世紀半殖民地、半封建的社會；西班牙則是在一八七〇年向英國宣戰，同時北美獨立戰爭也擴大為國際性反英戰爭；而直接回到約莫三百年前的一九一八年——西班牙流感大流行，全球死亡人數上達五千萬人。

現在，我們重新再回到二〇二〇年的當下。

中美貿易戰讓國際政經板塊重新開始排列組合，尤其全球經濟開始擺盪後，新冠肺炎跟著報到，又改變了地球人的許多遊戲規則，或許在此刻，不論走到哪裡、飛到哪裡，都是我低頭無語，你眉頭深鎖，人人都笑得比之前更少了。

但是，我們其實可以用另外一個角度來看這件事。

庚者，更也，表示的是更迭變化；子者，始也，意思是一個全新時代的開始。不管是天災、人禍，或是任何重要轉折，都象徵著一個序列變動的結束，並且迎來一個新的起點——一八四〇年英軍砲火攻破紫禁城大門，卻開始讓中國結束鎖國、告別封建，開始接觸西方文明；一九〇〇年八國聯軍蹂躪中國，卻讓香港竄起，不只成為中國通往世界的大門，更使之一步步邁向全球重要金融大城；一九六〇年中國大陸的「動蕩十年」打開序幕，美國總統艾森豪卻訪華，開始了中華民國台灣外交的黃金時代。

而來到二〇二〇年，雖然當今中美兩大強國貿易戰鬧得全球風風雨雨，新冠疫情橫掃各國，但或許在這個看似全球腳步都放慢、放眼一片片灰濛濛的當下，新的醫療科技、新的金融規則、新的工作型態以及對國際觀的改寫，都能帶給我們新的想法或契機。

而新契機來臨的前提，也勢必包括人們願意省思與改變。

未完、待續

又一個庚子年來到，此刻，也可以讓我們相互期許——告別過去，邁向下一秒。

那麼，在濃霧散去，黎明曙光再現的前一刻，余湘和于美人的下一步計畫是什麼？這應該是很多人好奇的問題。我無法代替他們回答這個問題，也沒有能力代替他們回答這個問題，但是，從作者的角度——

我可以用一段他們的對話來向各位讀者交代。

「『事了拂衣去，深藏身與名』，美人姊，我記得大選落幕之後，你在臉書上留下這一句話。那麼，能不能就這部分，多分享一些你的心得？」我問。

「我覺得，我們的陪伴，已經是對那一代令人佩服的領袖人物獻上最高的致敬。我們也非常榮幸能夠陪宋主席走『最後一哩路』。」于美人認真地說。

「你確定這真的是他『最後一哩路』嗎？」余湘笑著回應她。

此刻，兩位姊姊的對話，不禁讓我想到日本前首相岸信介「寸前黑」名言：

「政治，前面一寸就是一片漆黑，誰也沒有辦法事先預料。」

「那麼，是『我們陪他的最後一哩路』。不過，」于美人立刻笑了出來：「我突然想起來，他說過他比拜登（Joe Biden，美國民主黨總統候選人）還年輕。」

「他其實也比馬來西亞那位全球最高齡的總理馬哈地（Mahathir Mohamad）年輕很多啦！」余湘笑著說完，拋出了問題：「萬一他下次要再選呢？」

「那就是別人陪他。」于美人笑說。

「他如果要我們再陪他呢？」余湘說完，把手上的咖啡杯往桌上一放，兩隻眼睛盯著于美人。

霎時，空氣瞬間凝結。

「許復！救─救─我！」于美人翻了一下白眼，尖叫出來。

余湘和于美人說得開心，我也很替他們開心，坐在他們身畔，我不難感受到的是，他們流露出的是一種「做了想做的事」的喜悅，在這其中不計成敗、不論輸贏。

在《意外之外》截稿的前一刻，在于美人寓所的餐桌上，我一面吃著酸酸甜甜的愛文芒果，一面聽著他們仍然持續的對話，並且思索著，把這段對話放在整本書的結尾應該挺不錯。

「我覺得如果有下一次，我會表現得更好。」這是余湘一貫的自信。

「我不一定會更好，但我一定會更老。」這是于美人一貫的幽默。

「更老也可以同時更好呀！」不得不說，這句話非常「余湘」。

「說得也對，因為『人生沒有用不到的經歷』，今天的學習，就是在為下一次的更好做準備！」于美人問在座的朋友們：

「我這句名言，用在這裡應該很適當吧？」

「不管人生的旅程走到哪一個階段，前方永遠會有更大的目標，所以，不斷地超越、往前走就對了！」余湘說。

《意外之外》的故事就暫時說到這裡。

謝謝余湘、于美人，以及在這片土地上揮舞著理想的旗幟、張開雙臂恣意高歌的國人、夥伴，以及國際友人，是你們成全了福爾摩沙的美麗，是你們一起揮灑出這幅動人心弦的民主畫卷——

因此，我們還要一起拿起各式各樣的畫筆，用五彩繽紛、七彩奪目的顏色，把她畫得更好、更有味道。

「離你最近的地方，路途最遠，最簡單的音調，需要最艱苦的練習。旅客要在每個生人門口敲叩，才能敲到自己的家門。」

最後，我要把這段詩人泰戈爾（Robndronath Thakur）的名句送給《意外之外》的讀者們——

我很想和大家分享的心聲是，《意外之外》說的或許是從余湘、于美人身上展開的故事，但是這些故事如果能夠在你心裡響起叩門聲，那麼，這就是身為這本書的作者——假若我也自許是一個「擺渡人」的話，我會覺得感動莫名的事。

謝謝你願意讀完這本書。

願你我，以及我們身邊的每一個人，都能在星空下的長河中手持長篙，「擺渡」過船行周遭以及內心中的所有試煉，並且在黎明來到的當刻，看到天邊的那一抹彩虹。

而在這當中，最重要的事情是——

在一篙、一槳前行的過程中，你可以找到與這個世界並肩而行的方式，並且與你自己成為最好的朋友。

未完，待續。

〔謝誌〕

在美好的時代一起「翻頁」

我常在寫作的時候，在網路上隨意Google找尋靈感。有一次，在某個趕稿的夜晚，我看到了一張兩隻魚在星空中悠遊的圖片，這個意境讓我想到兩位阿姊，於是我把照片發給他們。

「我之前也有送一對雙魚的陶瓷給美人！」余湘很快回傳訊息；不多久，于美人也發了那對陶瓷雙魚的照片來，是一對白水晶的雙魚，非常靈動，彷彿隨時會活過來一樣。

在我心裡，《意外之外》這本書有另外一個書名，叫做《雙魚記》，與我所鍾愛的另一本小說——英國文豪狄庚斯（Charles Dickens）的鉅作《雙城記》呼應。不敢說自己的書寫可以與狄庚斯齊名，但在我心中，自己所記錄的兩位令我崇敬的前輩、好友，絕對可以在他們的角色中，同樣在一個時代發揮出令人敬佩的影響力。

「這是個最好的時代，也是個最壞的時代。」狄庚斯在《雙城記》開篇名言訴說的，是在一個時代「翻頁」的過程中，會經歷春暖花開的春季，也會走過白雪紛紛的冬天；白晝與黑夜每日交替；希望也必然伴隨失望；智愚之間也常常沒有清楚的界線；天堂與地獄也總在一念之間，因此：

「我們正踏上天堂之路，我們也同樣邁向殊途。」

而實際上，時代並不存在絕對的好壞，因為每個時間點都有不同的難題，每個難題也都會帶給時代本身、以及當中的人改變與進化的機會——不論是法國大革命時期發生在倫敦、巴黎兩座城市之間，那些在《雙城記》中一幕幕有關追尋目標與自我的滴滴點點；還是在追求、實踐民主過程中不斷前行的台灣——即使處境艱難，仍總有許多秉持信念的人，為一個時代的「翻頁」挺身而出。

在我看來，狄庚斯《雙城記》故事中那些用力、用心的主人翁們，其眼神、其意志，還有他們為理想，甚至為性命——以及為「善」和「生存」的追求而散發出的那股「狠勁」，其實也與那座被葡萄牙人讚嘆為「Ilha Formosa」（美麗之島）的台灣，以及這片土地上的人產生了微妙的連結。

謝謝湘姊和美人姊，因為他們在二〇二〇台灣總統大選中的「明知不可為而為之」，讓我們可以進一步從這兩位女性領袖的所聞、所見，甚至所思中，一起從不同面向思考民主這個話題，並且為中華民國台灣勾勒出更多未來的可能性。更感謝他們對我的信賴與鼓勵，讓這本書能夠順利付梓。

謝謝親民黨主席宋楚瑜、前台達集團中達電通董事總經理游文人、Twitter大中華區董事總經理藍偉綸撰序推薦本書。在此刻，我們更感謝的是他們不間斷地為台灣這片土地盡心盡力，在這個「翻頁」的時代，為台灣與這一個時代展現了令人崇敬的高度與格局。

同樣要感謝的是永齡慈善基金會執行長劉宥彤、永齡慈善基金會副執行長蔡沁瑜、民間監督健保聯盟發言人滕西華、親民黨立委參選人黃朝淵、阿波羅西服負責人應寶友、鄉野西服負責人林逸智，以及其他幾位不具名的專家、夥伴參與訪談或提供寶貴觀點，讓這本書內容更增亮點。

我也感謝外交部研究設計會主任谷瑞生、親民黨第四任祕書長李鴻鈞、春天醫學美容集團總裁何麗玲、聯華電子榮譽副董事長宣明智、台北廣播電台主持人胡效華、Facebook香港及台灣政治及政府事務推廣經理周子烈、鴻海科技集團創辦人郭台銘、Facebook台灣公共政策經理陳奕儒、台灣玉山科技協會祕書長許毓仁、台灣遊讀總編輯曾而汶、國際獅子會台灣總會獅子大學資訊長彭貫鈺、商周出版社總編輯程鳳儀、大數據專家謝一平等各界友人的支持——不論是提供珍貴的寫作意見，或參與故事描述中的特定內容章節，我都謝謝你們！（按照姓氏筆劃排列順序）

也要謝謝 Sola Media 媒體公司、WebTV Asia、于美人做好事小組、于美人偏遠地區弱勢關懷協會、台中榮總、台灣地方議員聯盟（原地方民代公益論壇）、天主教中華聖母基金會、阿尼色弗兒童之家、亞太區青年交流發展基金、知行者傳播管理學院、劍橋大學台灣校友會、劍橋大學香港校友會等對我或這本書的支持。（按首字筆劃排列順序）

此外，我也要感謝企業界、醫界、媒體界、演藝圈、軍方、警界、國安局等各界友人，以及民眾黨、民進黨、親民黨、國民黨中的多位好友在我的寫作過程中提供寶貴建議與協助；尤其還要特別感謝的是相交多年的香港傳媒界、政界多位好友，謝謝你們在近幾年帶著最大的感動持續來台灣「觀選」，也是因為你們的提醒與反饋，讓台灣這片土地上的人更能從不同面向上感受到民主的重要。

我也感謝父親許丕昌自小帶給我的啟發。他曾擔任台灣前國防部長及監察院長陳履安的近身幕僚，並且在一九九六年中華民國台灣第一次總統直選時，為前老闆獻身再度擔任幕僚助選。陳履安當時是以無黨籍、佛教修行人身分投入總統大選，展現的正是「明知不可為而為之」——超越藍綠的理想政治風範。雖然我當時年紀非常小，卻在父親引導下，在見到陳履安時已為「明知不可為而為之」的精神深深震撼。

最後，當你我在一個民主自由的社會中持有不同的想法之時，如果我們能夠同時發現，比如像是歐盟，他們正在思索著是地球的未來以及人類集體的幸福，那麼，我們便能感到慶幸並且省思，不管處境多麼艱難，總有一些人性的光輝閃爍，以及相互理解與尊重是多麼重要的事情——

因此，我最要感謝的是正在閱讀這本書的每一位讀者，謝謝你們願意與我一起透過閱讀與分享，持續為更美好的未來耕耘、祝願。

許復　敬上

〔附錄〕

第十五任總統候選人宋楚瑜先生宣布參選記者會講稿全文

各位朋友，大家好。

且讓我用泰戈爾的詩來當開場白，「離你最近的地方，路途最遠！最簡單的音調，卻需要最艱苦的練習！」

這條選舉路，我走了整整二十五年！我曾經參與中華民國重大選舉，一共獲得將近一千七百八十萬張選票的肯定，一張票一世情，對此，我由衷地感謝！

明年一月十一日的中華民國總統大選將是我的第五戰（不含地方選舉），同時也是「終局之戰」。大家都心知肚明，宋楚瑜距離「凍蒜」的門檻依舊很遠！但當我決定要踏上政治生涯的最後一哩路時，我既不悲憤也不氣餒！我的內心反而舒坦自在，因為我知道這場選舉是我距離從政初心最近的一次。

宋楚瑜從政的初心就是「天道酬勤」！這是我最愛說、也最愛寫、甚至願意花了二十五年時間徹底實踐、內化於心的座右銘。「天道酬勤」來自於《周易》卦辭，意思就是：上天厚愛勤奮的人，任何人只要勤奮努力，一定能成功！換言之，「天道酬勤」指的就是臺灣人最優秀的基本功「愛拚才會贏！」七十七歲仍要參選人生第五次總統大選的宋楚瑜，將以「驚輸就袂贏」（臺語），怕輸就不會贏的精神為出發點，希望喚起當初讓臺灣人引以為傲的務實精神「愛拚才會贏」。

身為一位從事政治四十多年的政治老兵，我敢自豪地說，我曾全程參與、並奉獻心力促使臺灣由威權體制轉型成開放民主，解除戒嚴，開放黨禁，解除報禁，修改《刑法》一百條、讓臺灣人不再因為政治理念不同而被判為政治犯。

同時在終結萬年國會，推動總統直選等重要的民主化過程，宋楚瑜也是重要的推手，並作出關鍵的貢獻。

在這個八〇至九〇年代的「寧靜革命」歷程中，我深刻感受到身為臺灣人的驕傲與自信。如今看到臺灣社會的對立、混亂及延滯，宋楚瑜有必要再站出來、與大家一起打拚！重新找回屬於臺灣人的自信和驕傲！

實不相瞞，我從今年九月十七日早上才開始對參選總統之事動心起念，因為前一晚郭台銘先生宣布退選！讓我輾轉難眠，我認為如果臺灣人民無法解開藍綠的「情緒勒索」和「亡國恐嚇」的制約，那非常可悲！

沒有一位擁有世界級格局、有本事帶領臺灣在美、中、日三強的博奕賽局殺出重圍的總統，也非常可惜！

在如此可悲又可惜的情緒籠罩之下，我依舊保持樂觀！因為我堅信自由與民主是我們全體國民的共同DNA，臺灣沒有任何政黨與政治人物有能力賣臺，所以我們要對自己有信心，更要對下一代有信心，因為年輕這一代對自由民主的標準，遠比上一代的要求更高！

我認識很多對「福國利民」擁有理念、熱忱的政治人物，而且超過一半是前途不可限量的年輕人！只可惜我們的選舉制度無法讓藍綠之外的第三勢力擁有揮灑的空間。二十五年來，藍綠始終惡鬥，第三種聲音總是永遠上不了檯面，若不改變目前的選舉制度，那我們永遠只能沉溺於藍綠「情緒勒索」與「亡國恐嚇」的陰影中，臺灣無法向前行！

二〇二〇年一月十一日將是宋楚瑜的「終局之戰」，我期待扮演「獨孤求敗」的角色，為了這一戰，我已經準備了四十四年。最初的十四年，我追隨經國先生和孫運璿院長，學習治國之道以及心存百姓、無私奉獻的初心；後來被派到臺灣省服務，奉行「一步一腳印」，認真走訪臺灣每個角落，我體認到「人民的小事，就是政府的大事」、「官員吃得苦中苦，百姓方為人上人。」

我很喜歡《華嚴經》裡頭的這句話「不忘初心，方得始終」，我目前的心境十分自在，我已不再執著個人的輸贏！我已徹底放下有如過眼雲煙的四十四年的奮鬥史！毫無包袱的宋楚瑜帶著初心、展開「終局之戰」。

宋楚瑜的「終局之戰」絕對不是「復仇者聯盟」！因為我肯定臺灣任何一個政黨都曾為這塊土地做出過貢獻，我只希望為臺灣的自由民主掀開新的一頁！

我希望，中華民國可以從雙首長制轉變成內閣制。

我希望，《民法》成年下修至十八歲，讓年輕世代可以早日負起承先啟後的公民社會責任。同時在教育上，也求向下扎根、而不是向上延伸。

我希望，降低政黨票門檻，提高不分區立委席次的比例。

我希望，降低政黨獲得補助款的標準，讓臺灣政壇除了藍綠之外，還有足夠空間能讓五彩繽紛、七彩奪目的優秀小黨並存於世。

我由衷盼望臺灣選民可以告別悲情，不要在藍綠兩黨「您不投綠、則臺灣亡，您不投藍、則中華民國滅！」的長期情緒勒索下，惶惶終日，只能在「國民黨、民進黨，下架民進黨與討厭國民黨」這四種選項中載浮載沉，傷透腦筋。

我期待每位臺灣人都能珍惜您的眼淚、尊重您的自由意志，「含淚投票」只是一種讓自由、民主無法繼續提昇的自虐行為！這樣下去，並不是個辦法！我由衷盼望臺灣能夠重回「天道酬勤」的時代，所有人民都願意相信「只要肯努力、就能出頭天」的信念，用彼此尊重與包容的心去化解阻礙。

臺灣有地理位置、人文素養及民主制度三大優勢，我們應該善加珍惜和發揮！中華民國是個了不起的國家，我們是中華文化、西方文化、東洋文化與臺灣本土文化的完美綜合體。我們在中國大陸、美國、日本三個大國的博奕賽局中、小心翼翼地走出一條屬於自己的路，雖然「道阻且長」、但我相信「行則將至」。

宋楚瑜的「終局之戰」不計利、不求名，我的輸贏不打緊！只求臺灣勝、中華民國贏！

〔附錄〕

第十五任副總統候選人余湘女士電視政見發表會講稿全文

第一輪　政見發表

大家好！我是親民黨副總統候選人，余湘！今天，能夠站在這裡和兩位行政院長共同發表政見，我像個學生一樣，站在兩位非常尊敬的老師面前，很興奮、也很惶恐。

我有很多話想要說，而且，是帶著些許的情緒想說出來的話，這些話也是藏在我心中好一段時間的話。

此刻，我的心情是沉重的。但是，我的思緒是堅定而激動的！基於這樣的場合，我得節制我的情緒，應該心平氣和的、負責任的、謹慎的向各位報告：我是一個口拙的人，所以，我必須拿著我的講稿說話，因為，我不想讓我的情緒征服我說話的內容。

今天，我站在這裡，是個偶然，也是生命中的一場意外，過去的我從來沒有想過，我會站在這樣的場合和大家說話。謝謝宋楚瑜主席給我這個機會，謝謝主席這麼大膽的邀請我。

我很榮幸和主席見面，就有機會聆聽他熱切的闡述對中華民國未來「藍圖」的勾勒，當主席全神貫注的談到台灣面臨的5＋1危機，和這個國家的三大原則、未來的十大政見，他是真心誠意地站在台灣人民的位置上，去做思考的。

我看見主席的眼神在發亮。我看見了，一位把服務人民當成畢生職志，虔誠的政治工作者。

我聽得入神，深深感受到他的信念和想法，原本要去勸退主席的我，竟然轉而答應了他的邀約，連我自己都感到很意外！

我相信，如果大家願意敞開心胸，認真聆聽主席的治國理念，你們一定也會毅然決然的，和我一樣做出相同的決定。

政治，就是管理眾人之事，原來，身為公司的經營者，也就是在管理眾人之事，這也是我一直以來熟悉的領域。

原來，我們每一個人，都沒辦法置身事外，我們都籠罩在政治運作的世界中。沒有一個人，可以獨善其身。

十二月十八日的第一次總統政見發表會上，毫不意外的藍綠還是對立衝突，兩大政黨再度完美的演出沒有政見的政見發表會。各種弔詭的、無感的統計數字一一出籠，抹黑、抹紅的戲碼一再的登場，我們不要忘了這是政見發表會，並不是辯論大會，更不是施政成果發表會！

三個候選人，只有兩種聲音：親民黨的聲音，以及不是親民黨的聲音。

選舉的本意是一場追求民主自由的嘉年華會，選舉的輸贏，不該只是追求任何一個政黨的輸贏，而是人民在每一次的選舉中，到底贏得了什麼？

但是，這一次過度激情的選舉，我們的總統消失了、行政院長消失了、外交部長消失了，連農委會主委也消失了，甚至，市長都消失了！政府每天運作的機制也跟著不見了，政府理當對人民的關懷也跟著不見了。

兩大政黨消失了！卻長出來兩個選戰大帝國！這兩大選戰軍團，他們濫用行政資源，運用所謂的空軍、陸軍，甚至無孔不入的網軍等等，毫無節制的、鋪天蓋地的，去打擊、去毀滅對手，為要贏得勝選，完全不擇手段。

他們無所不用其極的行為，讓人民害怕，將我們好不容易建立起來的美好普世價值，通通摧毀掉！他們怎麼敢將這些醜陋的選戰手法，赤裸裸的攤在我們面前？

談到這裡，我實在忍不住要脫稿演出，請執政黨擱置《反滲透法》！一個爭議性這麼大的法案、一個完全沒有準備周全的法案、一個會讓人民對立，甚至撕裂人民情感的法案、在大選前這麼爭議的時間點，我們堅定的要求執政黨，把《反滲透法》暫時擱置。

我們不是請求執政黨，我們是以人民的聲音要求執政黨，擱置《反滲透法》！這不是請求，這是人民的要求！

我知道，兩大政黨一定想辦法忽略親民黨的存在，他們害怕我們的聲音，因為我們的聲音，精準的傳遞了人民最真實、最憤怒的訊息。

在這樣的選戰氛圍下，生活在這塊土地的人民，心裡十分明白，過度執著於選舉所帶來的意識形態，已經讓我們主要的政黨遠離人們了！

尤其是執政黨，這四年來，對民間疾苦不聞不問，對經濟困境一籌莫展。在平日，只知道掠奪資源、分食國本。而所謂的改革，卻都像是在整肅敵對的政黨，或是在修理反對他的人民，一旦總統大選登場，全黨立刻全力動員，亢奮地打造出為了勝選，而不擇手段的選舉暗黑帝國。

至於我們最大的在野黨，那就不用再提了。

我們台灣人民的未來，到底被置於何處？難道只有政黨的勝敗？卻沒有全民的勝利？我，做為一個女兒，做為一個媽媽，我不希望我們的孩子，永遠生活在這樣的政治陰霾和恐懼之中！

我是一個從台東關山，偏鄉的地方北上求學的小女孩。畢業後留在台北工作、發展。

我北上的時候幾乎身無分文，更沒有什麼家庭背景，就這樣投入職場、辛苦的打拚，一步一腳印，我很幸運的，最後擁有了自己渴望的家庭與事業。跟我同輩的許多人大概也都是這樣，用自己的心力，只要努力，最後都可以經營出自己理想的生活。

我希望我們的小孩，可以生活在一個拒絕謊言、相信真理、充滿善意與包容、充滿自信與希望的環境裡頭。

我們希望維持心目中的那個現狀。當然，所謂的「維持現狀」不可能一成不變，隨著社會的演進、國際局勢的變遷、彼此實力的消長等等，都會衝擊到我們心目中大家都說好的那個美好的「現狀」。

我們親民黨所提倡的「維持現狀」是必須要用最高的智慧，用最大的力量來自我節制，才能維持我們心目中的那個美好的現狀。

我是一個政治素人，但我同時也是一個經驗豐富的企業經理人，我也是專業、敏銳的社會觀察者，更是願意為我們的下一代，付出一切的媽媽，所以不要小看我這次站出來的決心和堅定的信念。

希望和我有著共同信念，以及相同心情的朋友們，一起站出來，勇敢表達我們的心願。不要讓藍綠惡鬥的戲碼，一次又一次主導著我們台灣追求民主自由的總統大選。

此刻的我站在講台上，內心既惶恐又激動，這場競賽，已經開始，我強烈感受到你們的支持與祝福。我們不會是跑得最快的那一組選手，但我們絕對是最認真、最誠懇的參賽者。

相信，你們一定是最忠於自我、最具獨立判斷能力、完全不會被兩大政黨操弄的自主公民，你們是最美麗、最值得驕傲的選民。

讓我們一起為自己的信念投票，為自己加油！為台灣加油！

第二輪　政見發表

十六世紀末葡萄牙人驚嘆的一聲「Ilha Formosa」，台灣從此就有了「美麗之島」的稱號，驕傲的美麗島，好久不見的Formosa，想想看，我們有多長的一段時間，沒有這樣稱呼我們自己的國家了：「美麗的寶島」。

有一件事一直在我的腦海中反覆出現，從來沒有離開過。

我們台灣的政黨政治，到底發生了什麼事？我們的政黨政治在民主過程的哪一個環節中出了問題？是什麼原因讓台灣民主政治的選舉活動，走進了死胡同？

到底是意識形態撕裂了我們的情感？還是政黨的私欲，扭曲了我們民主的價值？為什麼，「溫良恭儉讓」這麼良善的普世價值，會被政客們糟蹋得如此不堪？

這就是我們說好的民主自由嗎？這就是我們憲法中第一條所說的，民有、民治、民享的民主共和國嗎？

此刻，歐盟組織正在思索著地球的未來，他們正在關心人類的下一個階段所面臨的困擾，當歐盟正在推動更高的環保意識、思考著讓人類擁有更美好的生活、歐洲，他們試著把世界的責任扛在自己的肩膀上。

在這同樣的時刻，我們在想什麼？我們的政黨又在想著什麼？難道我們只能受困於統或獨之間的意識形態嗎？在這個同時，我們的兩大政黨，心中，似乎也只剩下選舉這件事情。

選舉，對我們而言，已經不是一個民主活動，而是一種產業，一個充滿負能量的產業。

政黨的理想性消失了，政黨組織，漸漸轉型、成為一個選戰大帝國。政黨，絞盡腦汁只想著怎麼樣衝高民調，只想永遠地獨自享受權力的滋味。

這樣的政黨，贏得了政權，然後呢？

促進轉型正義委員會、不當黨產處理委員會、反滲透法……這些不周全、不成熟、不尊重司法甚至很拗口的法案名稱，一個完全執政，卻完全不負責任的法案，一個一個，又一個的冒出來，這就是我們期待的正義嗎？

藍綠兩黨對立的局面，已經籠罩了台灣的政治，遮蔽了我們的視野數十年。他們不敢正視我們的眼睛、他們讀不到我們心中的聲音，品嚐過權力滋味的兩大政黨，他們只在乎，最終，是否掌控了權力。

其實，每個政黨提出政策的初心，都是良善的，但只要統獨的話題一出現，再好的政策都被扭曲。

偏激呼喚著另外一種偏激，藍綠兩股極端的力量不斷的對抗，他們不再對話、也不想再理解不同的觀點，即使再進步的政策、再智慧的話語，他們也聽不進去。

我身為一個運動選手，在運動的比賽場上，絕對是尊重對手、保護對手、更不可能會羞辱對手，甚至覺得，在同一個競技場上競賽，是一種榮耀。

為什麼這麼美好的運動精神，在政治的選舉活動中，競爭，就變成了殘暴的戰爭？這種現象我怎麼能夠接受？我真的沒有辦法接受！

執政黨避而不談的空氣污染、埋藏已久的土質污染、束手無策的河川整治、能源、教育，這些有關人民福祉的政策，已經變成是執政黨，意識形態下的祭品。

更不可思議的是，一個民主自由社會的內政部政務次長居然肆無忌憚的說出「投票給小黨是浪費」，甚至，操弄我們的新住民製造廢票。

「投票給小黨是浪費」這句話絕對不是一個無心之過，這句話，一定是經過精心算計、混淆視聽的選舉話術。是我們在縱容這樣的政務官嗎？

兩大政權相互執政，二十年了，我們已經給了這兩大政黨很長的時間，讓他們能夠學習，成為一個良好的政黨。但是，他們又交出了什麼樣的成績單呢？對於他們的恣意妄為，值得我們包容嗎？我們還要繼續包容嗎？

當Google、Facebook、Line……打造出改變我們生活模式的網路工具，這些服務不同膚色、不同宗教、不同國度的進步工具，拉近了人跟人之間更密切的關係。我們的政黨，卻是利用網路、網軍，變成選舉的戰爭武器。他們將科技的力量，培養成選舉戰鬥軍團，準確無誤的摧毀著他們心目中的敵人，即使是黨內的同志，也鋪天蓋地的、不留情面的製造風向，進行網路的追殺。

我很好奇這些工具的原創者，會怎麼看待這樣的政黨？

我更好奇，為人父母的我們，怎麼能夠默然無語，沒有憤怒、沒有指責，甚至不以為意……

我們從小就被教導要成為一個具備善良、正義助人、服務社會等等美好品德的公民，這些教誨都還言猶在耳，諷刺的是，兩大政黨營造出來的社會氛圍，卻是製造仇恨、操弄對立、扭曲事實、散佈恐懼……

我們真的別無選擇了嗎？我們真的只能默默的接受了嗎？我們真的無能為力了嗎？我們真的只能隨政黨的節奏起舞了嗎？

兩大政黨的對抗，造成我們社會前進的腳步停止了。台灣被統獨的緊箍咒限制，已經和國際社會嚴重脫軌。

德國，長期處在兩大黨不過半的多黨政治體制，由兩、三個政黨組成聯合政府，除了自己黨派的主張，更需要考慮不同政黨間的聯合團結，由不同政黨共同組閣，才有共同執政的可能。令人尊敬的梅克爾總理，正是在這樣的多黨政治環境下，帶領著德國前進。

我們必須開始做一些事情，來改變我們痛恨的政治亂象。

我們堅決認為，要終結藍綠惡鬥，必須打破政黨壟斷，不要只有藍跟綠，「五彩繽紛」是另外一個嶄新的開始，開拓的視野和自由奔放的思想，才能從兩大政黨的意識形態中解放出來。

以二〇一六年為例，

一、政黨票門檻如果降為百分之三，立法院將多出一個黨團，達到五個黨團，共同推動法案。

二、政黨補助款門檻從百分之三降到百分之一．五，將有九個政黨收到補助款，共多出四個小黨受惠。

政黨補助款，四年只會多出約兩億元。一個「卡神」楊蕙如得到的政府補助款和標案經費，就足以推動我們國家邁向進步的多黨政治。

所以，親民黨極力主張，政黨票門檻應該從百分之五降到百分之三；可領取政黨補助款的門檻，從目前百分之三調降至百分之一．五。

我們期待二〇二〇年，是中華民國多黨政治元年，謝謝。

第三輪　政見發表

請，端出政見，這是選舉活動的通關密碼。在選舉活動中，有志之士的媒體和冷靜的選民，必然會要求候選人「端出政見」。

可是這麼多年來，大大小小的選舉活動中，在政見發表會的現場，工作人員往往比選民多。當台上的候選人，熱誠的訴諸政見時，台下的聽眾，個個是面無表情、無動於衷，真是情何以堪啊！

現在，基於我對「政見」的真正意義，以及，所有在觀看這場政見發表會的朋友們的尊重，還有對這個機會的珍惜。我將以朗讀的方式，清楚的把親民黨參加這次競選最主要的政見，發表出來。

政見發表是整個選舉活動中最核心的環節。

我知道你們不愛聽政見，我還是要講，因為我們很痴、我們很傻，我們只想認真談政見。清楚的，完整的，慢慢的，一個字，一個字的說出我們親民黨的十大政見。

一、對岸必須正視中華民國政府存在的事實，我們主張對等分治、兩岸對話、和平發展。在中國大陸還沒有完全實現自由民主法治前，台灣絕對主張維持現狀。當兩岸還沒有找到最理想的答案之前，維持現狀就是最好的答案。

二、終結藍綠惡鬥，打破政黨壟斷，政黨票門檻從百分之五降到百分之三；領取政黨補助款門檻，從目前百分之三調降至百分之一．五。我們認為，多黨政治是進步的政黨政治，也是最能夠避免產生完全執政，但完全不負責任的政黨。除了藍綠，讓台灣政壇還有空間，給五彩繽紛的優秀小黨共存。讓台灣進入實質多黨的政治運作。

三、民法成年下修到十八歲，推動實質人民參與的陪審制度。十八歲要服兵役、可以考駕照、可以行使公投權。十八歲，要負完全刑事責任。但是，十八歲不能辦手機、不能辦學貸、不能開立銀行帳戶。立法院應盡快修正民法，讓成年標準回歸一致。

四、推動國民義務教育向下延伸三年，小班、中班、大班，將國民義務教育提早到小班開始。孩子是我們的未來。國民義務教育向下延伸，這不是福利政策，這是一個很嚴肅的教育政策。

五、保障勞工權益，維持一例一休的精神，但調整為「異業異法」，我們需要一套兼顧彈性與保障的勞動法，重新找回和諧的勞資關係。各行各業百百種，政府不能用簡單的政策，去管理一個複雜的工時問題；我們希望秉持「堅持中要有彈性，彈性中要有原則」。

六、重新檢討軍公教年改，並照顧貧困榮民、榮眷、勞工以及老農。他們都曾經在台灣發展的歷史過程中，貢獻一己之力，沒有過去他們的努力及付出，就沒有我們現在的文明生活。因此，全面徹底的清查名冊，不要疏漏任何一個需要幫助的人。這不僅是一項社會福利，更是對於他們基本人權和尊嚴的維護。

七、設立新住民委員會，協助新住民融入台灣社會，照顧其新住民子女教育及就業。族群融合的壓力，通常是來自於同化，和被同化之間的衝突問題，所以我們要學習尊重和欣賞彼此的不同。民主，最珍貴的地方在於尊重少數，我們主張要成立一個隸屬行政院的新住民委員會，以保障新住民在各方面的權益。

八、設立青年及銀髮社會住宅。我們認為，政府必須把對居住正義的理解轉化為國家政策，而非產業機制；將青年與銀髮族一同列入思考，我們不妨思考青年和銀髮族共同居住的可能，讓銀髮族與青年的需求同時被紓解。

九、厚植台灣經濟，制定專法支援台商建立海外產業聚落；鼓勵新創研發，扶植新創產業；持續用力推動簽署CPTPP及RCEP等區域經濟協議。經濟貿易本來就是一種流動和交換，身處在亞洲，台灣自然不能自外於這些區域經濟協議。要在自由貿易的精神底下，同時厚植台灣的經濟和產業實力。

十、推動自主安樂死立法。活下去，是人的本能；但活得健康、自信、有尊嚴，更是生命的重要意義。生命太珍貴，所以我們要用最嚴厲、最深層的態度看待，我們並不是試圖現在就要草率的立法，我們要強調的是在立法前應該有更多的共識。

我，對安樂死的主張有著切身的感受。我曾經因為先天性血管瘤有過瀕臨死亡的經驗，卻又奇蹟式的醒過來。

對我來說，其實，死，並不可怕，我比較怕的是失去了生命的尊嚴。

讓安樂死的觀念和法令可以被深入的討論，讓更多受苦的人從中獲益，是十分必要的。自主安樂死，是一個最不政治、卻是最接近生命真理的法案。

再過幾天就要投票了，在每一次投票的當下，我們都默默祈禱著，選舉過後的政局，將有令人耳目一新的改變。

事實上，當我們自稱為亞洲最被羨慕的自由民主社會時，我們的選舉文化真的是被大家羨慕的民主典範嗎？

我們如果不能離開兩個極端的統獨思維，歷史會不斷重演、期待將不斷落空，結果，是一次又一次的失望。

要對抗兩大政黨的操弄，我們唯一的武器，就是手中的選票，我們要用選票，傳遞一個訊息給傲慢的兩大政黨，清楚表達我們的憤怒，以及我們對多黨政治的渴望。

我們不是敵人，而是同胞，我們生活在同樣的一塊土地上，呼吸著相同的空氣。激情曾經讓我們的關係緊繃，但是，我們絕對不容許任何的事情，撕裂我們；也不容許任何的事情，破壞我們對這塊土地的熱愛。

我希望大家，在投票前先仔細聆聽你內心的聲音，什麼樣的政見最接近你的需求？什麼樣的政見最符合你的想法？

我不會在這裡慫恿你把票投給親民黨，我也不會在這裡阻止你投票給藍綠兩個陣營。

我只希望，大家回歸選舉的初心，在投票的那一剎那，緊緊的握住我們的選票，緊緊的握住這三張經過民主自由洗禮的神聖選票。

投下總統票、立委票、政黨票。讓我們為了自己的權利！自己的信念！讓台灣民主進入下一個階段，我們大家一起努力！

我是親民黨副總統候選人余湘，謝謝大家！

國家圖書館出版品預行編目資料

意外之外：與于美人深度對談／許復作. -- 初版. -- 臺北市：商周，城邦文化出版：家庭傳媒城邦分公司發行, 2020.10
面；　公分

ISBN 978-986-477-926-0（平裝）

1.于美人　2.臺灣政治　3.臺灣傳記　4.訪談

783.3886　　109014522

意外之外：與于美人深度對談

作　　者／許復
責任編輯／程鳳儀、黃筠婷

版　　權／黃淑敏、翁靜如、邱珮芸
行銷業務／林秀津、王瑜、周佑潔
總 編 輯／程鳳儀
總 經 理／彭之琬
事業群總經理／黃淑貞
發 行 人／何飛鵬

法律顧問／元禾法律事務所 王子文律師
出　　版／商周出版
台北市中山區民生東路二段141號4樓
電話：(02) 2500-7008 傳真：(02) 2500-7759
E-mail：bwp.service@cite.com.tw
Blog：http://bwp25007008.pixnet.net/blog
發　　行／英屬蓋曼群島商家庭傳媒股份有限公司城邦分公司
台北市中山區民生東路二段141號2樓
書虫客服服務專線：(02)2500-7718・(02)2500-7719
24小時傳真服務：(02)2500-1990・(02)2500-1991
服務時間：週一至週五09:30-12:00・13:30-17:00
郵撥帳號：19863813　戶名：書虫股份有限公司
讀者服務信箱E-mail：service@readingclub.com.tw
歡迎光臨城邦讀書花園　網址：www.cite.com.tw
香港發行所／城邦（香港）出版集團有限公司
香港灣仔駱克道193號東超商業中心1樓
Email：hkcite@biznetvigator.com
電話：(852)2508-6231　傳真：(852)2578-9337
馬新發行所／城邦(馬新)出版集團【Cite (M) Sdn. Bhd.】
41, Jalan Radin Anum, Bandar Baru Sri Petaling,
57000 Kuala Lumpur, Malaysia
電話：(603)90578822　傳真：(603)90576622
Email：cite@cite.com.my

封面設計／徐璽工作室
電腦排版／唯翔工作室
印　　刷／韋懋印刷事業有限公司
總 經 銷／聯合發行股份有限公司　電話：(02)2917-8022　傳真：(02)2911-0053
地址：新北市231新店區寶橋路235巷6弄6號2樓

■ 2020年10月06日初版　Printed in Taiwan

定價／380元

ISBN 978-986-477-926-0

城邦讀書花園
www.cite.com.tw

自由民主是非賣品！ 是我們這個世代的共同DNA 必須用生命守護
自由民主是非賣品！ 是我們這個世代的共同DNA

是我們這個世代的共同DNA
必須用生命守護
已滲入台灣

PARTY
FIRST PARTY
鄧秀寶
蔡沁瑜

李

初
校
複

台視

有
李縉穎
柯文哲